Walter Simon

Das Bad Nauheim Desaster

Die unendliche Geschichte seines Thermalbades

Das Bad Nauheim Desaster

Die unendliche Geschichte seines Thermalbades

© Prof. Dr. Walter Simon
Für die im Buch verwendeten Markennamen gelten die allgemeinen Schutzrechte.
Umschlaggestaltung: BdO-Coverangebot
Umschlagfoto: © Rolf Oeser, Bad Vilbel
1. Auflage 2017
ISBN 9783743149748
Anschrift des Autors:
Mittelstraße 19a, 61231 Bad Nauheim
prof.simon@online.de, www.profsimon.de

Herstellung und Verlag: BoD-Books on Demand, Norderstedt

Vorwort   **11**

A. Der Ort der Handlung: Bad Nauheim   **19**

Große Namen   20

Alte Pracht und Herrlichkeit   21

Süße Wirkungen des bitteren Salzes   22

B. Chronologie des Versagens   **25**

Ein wenig Vorgeschichte   26

Das Jahr 2005   **29**

Kommunalisierung des Staatsbades   30

Bernd Witzel neuer Bürgermeister   31

Der Zahn der Zeit und die Folgen   32

Das Jahr 2006   **35**

Der Sprudelhof als Herzstück der Region   36

Die Untergrund-Therme   37

Welle der Empörung   38

3B: Forderung nach einem Gesamtkonzept   39

Der Entwurf eines renommierten Architekten   40

Kosmetik statt Neubau   42

Das Badehaus-Theater   42

Das Jahr 2007   **45**

Non-Kommunikation des Bürgermeisters   46

Menschenkette gegen CDU- und UWG-Pläne   47

CDU nicht lernfähig   47

Die Übernahmefalle schnappt zu   48

Investor gesucht   50

Die 51 Millionen-Sprudelhofstiftung   51

Das Jahr 2008   **55**

Wellness + Müll = Kur- und Service GmbH   56

Neue Saunalandschaft   57

50 + 50 Millionen = 100 Millionen   58

Das Jahr 2009   **61**

Wellness-Hotel adieu   62

Forderungen der Kulturszene   63

Gutachten oder „Schlechtachten"?   63

Das Jahr 2010   **67**

Funkstille im Sprudelhof   68

Neubau oder Sanierung? Es kommt darauf an   68

Landesgartenschau   70

„Riesenschritte" und „Meilensteine"   70

Klar- und Weitblicker: Dr. med. H. J. Simon   71

Das Jahr 2011   **75**

Der Kommunalwahlkampf   76

Norbert Kartmann (CDU) stellt klar   77

Schwarz-Grüne Koalition   79

Das Jahr 2012   **83**

Gute Neuigkeiten   84

Die Entscheidung bahnt sich an   84

Der Beschluss: Neubau ohne Anbindung   86

Kreativ gedacht: Ein unterirdischer Gang   88

Das Jahr 2013   **89**

Warten auf den Investor   90

Der Wunsch nach der Schokoladenseite   90

Endlich: Nutzungskonzept für den Sprudelhof 91

Ein wichtiger Mann wird gegangen 94

Das Jahr 2014 **95**

Erfolg(reich)lose Investorensuche 96

Gefährliche Konkurrenz in Bad Vilbel 97

Verwirrspiel um Thermenschließung 98

Sprudelhofsanierung 2018 nicht erreichbar 99

Das Scheitern droht 100

Jetzt red i: Der Thermenrenommist greift ein 102

Bürgerinitiative Sanierung 103

Neubau adieu, Sanierung ja! 105

Die Stadt sitzt in der Falle 109

Das Jahr 2015 **111**

Magistrat entscheidet: Sanierung statt Neubau 112

Milchmädchenrechnung des Bürgermeisters 113

Gegenwind aus allen Richtungen 117

Der Förderverein meldet sich 118

Das Retro-Konzept des Architekten Mörler 119

CDU-Streit statt roter Faden 122

Die Meinung der Bürgerinitiative Therme 123

FDP will Sanierung 125

CDU-Angsthasen 126

Management by potatoes 127

Offener Brief an den WZ-Kommentator 128

Mathematische Gutachteritis 134

Die Entscheidung: Bad Endbacher Therme 136

Parlamentssitzung 15.11.2015: Pro Neubau — 137

Bürgerinitiative Therme gibt auf — 142

Therme als Flüchtlingsunterkunft? — 143

Adieu 3B — 144

Die Therme schließt — 145

Das Jahr 2016 — **147**

Schwarz-Grüne Scheidung — 148

Kommunalwahl — 150

Zukunft des TAF-Theaters — 150

Verhandlungsverbot für den Ex-Bürgermeister — 151

Die neue Koalition — 152

Baukosten: 15, 18, 20 oder 24 Millionen? — 153

Widerstand des Fördervereins — 155

FDP: Der Rückfall vom Umfallen — 157

Der Bürgermeister will nicht mehr — 157

Parlamentssitzung am 15.11.2016: Beschluss — 159

Beschlusstext Thermenneubau — 162

Ein Adliger als Retter in der Not — 165

Ein Interview, das keine Antworten gab — 166

Termindesaster — 167

Der vorerst letzte Akt im Stadttheater — 169

C. Pleiten, Pech und Pannen — **171**

D. Was nun? Fragt den Bürger! — **179**

Die Krise der Demokratie — 180

Folgen der Politikverdrossenheit: Ohne mich. — 182

Thermendiskussion im Internet: Warum nicht? — 184

Das Internet-Praxisbeispiel Esslingen. 185

Bürgerversammlungen: Muster ohne Wert 187

Betroffene zu Beteiligten machen 188

Mut zu einer „deliberativen" Kommunalpolitik 189

Vor lauter Wald keine Bäume mehr sehen 192

Kluge Parlamentarier, dummes Volk 193

Gelostes Bürgerparlament plant Therme 194

Mein Rat: Bürgerentscheid 196

E. Die Jahre 2017ff.: Blick in die Glaskugel 199

Die Probleme kommen erst noch 200

Von Badehaus 2 zu Badehaus 3 202

Die Therme als Dogma 203

Schulden oder Therme? 204

Todesstoß aus Bad Vilbel 205

Avanti Dilettanti oder zurück zur Vernunft? 206

Über den Autor 209

Bücher des Autors 210

Buchbare Vorträge 211

Vorwort

Seit 2006 steht das Thema Therme auf der kommunalpolitischen Agenda der Stadt Bad Nauheim und es wird wohl noch eine geraume Zeit dort stehen. Endlich, im November 2016, wurde die grundsätzliche Entscheidung eines Neubaus getroffen, aber damit ist noch längst nicht klar, wie dieser Neubau aussehen soll, ob ihn die Kommunalaufsicht genehmigen wird und ob er finanzierbar ist. Ich beende das Manuskript Anfang März 2017, lasse das Buch aber als Book-on-demand verlegen, so dass ich es ständig fortschreiben kann und der Leser stets eine aktuelle Ausgabe erwirbt.

Die Therme Bad Nauheim hat das Zeug zu einer kommunalsoziologischen Fallstudie. Darin liegt ihr Wert für viele deutsche Klein- und Mittelstädte, in denen jetzt die Sanierung bestehender Hallenbäder oder gar ein Neubau ansteht. Die Kurstadt hat als schlechtes Beispiel einen hohen Lernwert für andere Städte.

Das Thermendesaster ist auch stadtgeschichtlich bedeutsam. Der Neubau wäre ein kybernetischer Wirkpunkt. Er würde viele Einzelvorgänge in Bad Nauheim beeinflussen, vor allem auf den städtischen Haushalt, der seinerseits andere Bereiche der Infrastruktur berührt, deren Finanzierung mit einem Fragezeichen zu versehen ist. Das wiederum könnte zu Erhöhungen des Grund- und Gewerbesteuersatzes führen.

Ich verzichte auf eine Aussage für oder gegen eine der Gestaltungsvarianten einer neuen Therme Ich bin weder für Sanierung noch Neubau, mit oder ohne Anbindung an den Sprudelhof/Badehaus 2. Mir geht es nur um den seit 2006 laufenden und bis heute nicht abgeschlossenen Diskussionsprozess. Die Neubauentscheidung ist nur ein Teilschritt des Gesamtprojekts, dessen Ausgang ungewiss ist.

Dem Wesen einer Chronologie entsprechend war ich bemüht, den Prozessverlauf wertungsfrei darzustellen, konnte es aber nicht vermeiden, hin und wieder in das Fahrwasser der Ironie und des Sarkasmus abzugleiten. Hier wirkte ein innerer Automatismus, dessen Auslöser das Hick-hack und Zick-zack der Ortspolitik war. Wenn Bad Nauheims Bürger über das Thema Therme nur noch lachen oder ungläubig den Kopf schütteln, ist es legitim, dieses auch publizistisch auszudrücken.

Da ich Träger der Ehrentitel „Spinner" (ein CDU-Stadtverordneter 2008), „Wirrkopf" (ein SPD-Parlamentarier 2011) und „Hetzer" (ein Magistratsmitglied 2013) bin, fühle ich mich in der Pflicht, die damit verbundenen Erwartungen zu erfüllen. Die kommunalpolitischen Nasenrümpfer bekommen mit diesem Buch einen weiteren Beleg für die Richtigkeit ihrer Titulierungen.

Man ist geneigt, dem Thermen-Desaster Schuldige zuzuordnen, entweder Personen, Parteien oder Institutionen. Das ist immer der einfachste Weg der Ursachenanalyse. Aber der desaströse Prozessverlauf hat nicht eine, sondern mehrere und zugleich verkettete Ursachen. So war die Idee der Untergrundtherme 2007 Bürgermeister Witzel, der CDU und wahrscheinlich der Hessischen Immobilienverwaltung zuzuschreiben. Das Veto gegen die Vergabe von Gutachteraufträgen wurde von Bürgermeister Häuser eingelegt. Hunderttausende Euros wurden von Parlament und Magistrat für sich teilweise widersprechende Gutachten ausgegeben. Dann gibt es da noch den bis ins Persönliche gehende Streit des Bürgermeisters mit seiner Partei und die Konflikte zwischen Bürgermeister Witzel und Kämmerer Häuser. Auch das Parlament mit 45 mehr oder weniger (in)kompetenten Abgeordneten trug zum Desaster bei. Selbst der Hinweis auf sachverständige Berater ändert daran nichts, denn auch die Auswahl und Steuerung von Beratern setzt Sachverstand voraus. Viele solcher Verlaufsdetails führen zu der Schlussfolgerung, dass das Thermendesaster ein Fall systemischen Versagens ist. Das Gesamtkonstrukt von Parlament, Wetteraukreis, Magistrat, Hauptamtlichen, Sprudelhofstiftung und Landesregierung hat versagt.

Mein Resümee vom systemischen Versagen ist kein Freispruch für die beteiligten Akteure. Man bedenke: Schon 2012 wurde in einem Gutachten ein Neubau mit Anbindung als wirtschaftlichste

Variante empfohlen, aber erst 2015/2016 konnte man sich zu diesem Schritt durchringen. Keiner im Gesamtsystem Therme hat an der Notbremse gezogen oder zumindest die Fragen „Warum brauchen wir eine neue Therme?" und „Was passiert, wenn wir sie nicht haben?" gestellt. Niemand, außer einem, wagte zu fragen: „Können wir uns die Luxusausstattung mit zwei Hallenbädern und einer Eishalle in Zukunft noch leisten?" Keiner wagte eine über bautechnische und finanzielle Details hinausgehende Szenariobetrachtung oder Risikoanalyse. Stattdessen wurde gebetsmühlenartig das Mantra „Wir brauchen eine neue Therme" zehn Jahre lang heruntergeleiert. Ohne Therme sind wir kein Heilbad mehr, hieß es. Na und? Kuren und damit Heilbäder sind out. Mitte der neunziger Jahre wurden noch 900.000 Vorsorgeleistungen abgerechnet, 2015 waren es nur noch 46.000. Die Kurstadt hat sich freiwillig in die teuer werdende Gefangenschaft des Begriffs „Gesundheitsstadt" begeben.

Auch der Thermenboom ist längst vorbei. Der Besuch einer Therme ist nichts Besonderes und Neues mehr. Überall sind die Gästezahlen rückläufig, während die öffentlichen Zuschüsse und Insolvenzen zunehmen. Wie ein Bumerang wirkt der Thermenboom der 1980er Jahre jetzt auf die Kosten zurück. Entweder man baut Megathermen, überdimensionierte Wellnesstempel, Erlebnisbäder für die ganze Familie oder man setzt auf asiatisches, arabisches oder exotisches Flair, um im Wettbewerb bestehen zu können. Damit nimmt nicht nur der Verdrängungswettbewerb zu, es droht auch ein Investitionswettbewerb, den sich Bad Nauheim nie und nimmer leisten kann.

Statt an einem Strang zu ziehen, zogen die Beteiligten in entgegengesetzte Richtungen (Sanierung kontra Neubau, mit Verbindung zum Sprudelhof oder ohne), dann wieder in eine gemeinsame Richtung, um anschließend wieder die Seiten zu wechseln. Kraft und Zugrichtung erfolgten gegenläufig, so dass die eingesetzte Energie wirkungslos blieb. Das wurde an den Konflikten des Vorgängerbürgermeisters Witzel mit dem Nachfolger-Bürgermeister

Häuser deutlich.

Die Systemtheorie lehrt, dass es in jedem System eine Art Hauptelement gibt, eines das fördernd oder hindernd auf das Gesamtsystem wirkt. In diesem Sinne wird die Stadtgeschichte nicht um die Feststellung herumkommen, dass CDU und UWG im Gesamtprozess negativ wirkten. Beide waren, dank ihrer Sitzanteile im Stadtparlament, prägende Kräfte im Gesamtsystem. Das ergab sich unter anderem aus der ideologischen Verwandtschaft und den Kontaktmöglichkeiten zur CDU-Landesregierung. CDU und UWG stellten von 2005 bis 2017 die Bürgermeister. Insgesamt hatten diese beiden Gruppierungen die wirksamsten Einwirkungsmöglichkeiten auf den Prozess, mehr als SPD, FDP, Gruppe 3B und Grüne.

Hier nur zwei Beispiele für meinen Befund:

1. FW/UWG und CDU planten 2006 eine unterirdische Therme, die ein irreversibler Eingriff in die historische Substanz des Sprudelhofes gewesen wäre.
2. Der Streit des Erststadtrates Häuser mit dem damaligen Bürgermeister Witzel wirkte ebenso projektbehindernd wie der Konflikt zwischen dem späteren Bürgermeister Häuser und seiner Partei.

SPD, 3B, FDP und zeitweilig die Grünen waren zu unbedeutend, um dem Prozess einen positiven Drive zu geben. Natürlich werden CDU und FW/UWG meinen Befund weit von sich weisen, aber vielleicht kommen spätere Heimatforscher zum gleichen Ergebnis.

Bevor nun die große Bad Nauheimer Wellnessoffensive beginnt, sollte sich die parlamentarische Donnerstagsrunde Klarheit darüber verschaffen, was mit Wellness gemeint ist und wie das Geschäftsmodell konkret aussehen soll.

Die Bad Nauheimer Thermenmalaise wirft auch die Frage nach der Wirksamkeit kommunalpolitischer Entscheidungsprozeduren auf. Kann und darf die Stadtverordnetenversammlung einer Kleinstadt in alleiniger Zuständigkeit eine über das Parlamentarische hinausgehende Investitionsentscheidung von über 20 Millionen Euro treffen? Ist die Mehrheit an Wählerstimmen ein Freifahrtschein in das Portemonnaie der Steuerbürger? Sollte man diese nicht wenigstens fragen? Von diesem Gedanken ausgehend, skizziere ich im Hauptkapitel D dieses Buches unter dem Stichwort „Den Bürger als Ratgeber nutzen" einige grundlegende Probleme der Kommunalpolitik und empfehle, über die Zweckmäßigkeit einer extensiven Bürgerbeteiligung in Form der „deliberativen Demokratie" nachzudenken. Hierzu habe ich ein Vorgehensmodell geschrieben, das ich zur Diskussion stelle.

Da es sich bei diesem Buch um eine Chronologie handelt, schreibe ich in der Vergangenheitsform. Soweit das jeweilige Teilthema gegenwarts- oder zukunftsbezogen ist, wechsele ich in die grammatikalische Gegenwart oder Zukunft.

Der Fokus dieses Buches richtet sich auf die Therme und das Badehaus 2 im Sprudelhof. Die Gesamtanlage wäre für sich allein genug Stoff für ein zweites Buch. Mir erschien es ratsam, auch kommunalpolitische Randthemen, die nicht unmittelbar zur Therme gehören, in dieses Buch aufzunehmen, um so die Perspektive zu weiten.

Bei den wiederholt genannten Baukosten handelt es sich um Annahmen, Simulationen, Schätzungen und Prognosen verschiedener Personen und Beratungsunternehmen. Ihnen liegen (noch) keine konkreten Baupläne zugrunde. Es ist zu bedenken, dass die Kostennennungen auf unterschiedlichen Bauvarianten beruhen. Bei einigen gehen Dinge wie Tiefgarage, Außenanlagen, Abbruchkosten und Badehausanbindung mit ein, bei anderen geht es nur um den Thermenkörper. Es gibt Schätzungen einschließlich Mehrwertsteuer und solche ohne. Das macht einen Unterschied von 19 Prozent aus. Die Unschärfe, beziehungsweise Schwankungsbreite ist recht hoch. Das gilt entsprechend für die Schätzungen der Betriebskosten.

Viele Passagen sind so formuliert, dass sich auch der ortsfremde Leser zurechtfindet. So habe ich darauf verzichtet, das Buch mit

Namen zu überfrachten, die nur dem Kurstädter vertraut sind.

Man kann davon ausgehen, dass politische Insider nach Angriffspunkten suchen, um das Haar in der Suppe zu finden und dieses Buch für wertlos zu erklären. Das habe ich beim Schreiben gedanklich schon „eingepreist". Da es sich um ein „book on demand" handelt, kann ich jeden Fehler und fehlerbehaftete Sachdarstellungen von einem auf den anderen Tag korrigieren.

Der Leser möge bedenken, dass ich kein Insider bin, dem Protokolle und Informationen aus erster Hand zur Verfügung stehen, sondern ein kommunalpolitisch interessierter Bürger, der auf die Presse und Erkundigungen angewiesen ist. Die Stadt Bad Nauheim hat mir neun verschiedene Berichte und Gutachten aus den Jahren 2011, 2012, 2015 und 2016 zur Verfügung gestellt. Sie sah sich außerstande Gutachten aus den Jahren 2007 bis 2/2011 verfügbar zu machen. Bei den Gutachten 2011 und 2012 stand die Frage der Public Private Partnership im Vergleich von Sanierung oder Neubau im Mittelpunkt. Bei den Gutachten aus 2015 ging es um den Vergleich der vorliegenden Neubau-, beziehungsweise Sanierungskonzepte. Das letzte Gutachten vom Juni 2016 hatte zwei Wirtschaftlichkeitsprognosen zum Inhalt, Therme mit Anbindung an den Sprudelhof und ohne eine solche Verbindung. Ich werde an passender Stelle auf diese Gutachten eingehen. Um das Problem der nicht möglichen Einsichtnahme in diverse Gutachten kenntlich zu machen, habe ich an den Stellen, wo auf Gutachten hingewiesen wird, diesen Vermerk angebracht:

> **Die Einsichtnahme in das hier erwähnte Gutachten wurde mir vom Rathaus nicht ermöglicht.**

Dieses Buch müsste auf seiner Titelseite eigentlich zwei Autoren nennen, Bernd Klühs und Walter Simon. Klühs hat als Lokalredakteur der Wetterauer Zeitung jene Informationen geliefert, die ich hier verarbeite. Er ist der Kronzeuge des Bad Nauheim Desasters. Mit unzähligen Artikeln und Kommentaren hat er den Gesamtverlauf seit 2006 begleitet. Ich habe etwa 300 Artikel von ihm archiviert. Therme und Sprudelhof waren sein Berufsthema. Keiner ist so sachverständig wie er. Die Stadt schuldet ihm Dank.

Der Zug ist ins Rollen gekommen. Man wird ihn nicht stoppen, weil das ein Eingeständnis der eigenen Inkompetenz und ein Verstoß gegen die Fraktionstreue wäre. Wenn er dann so richtig in Fahrt gkommen ist und die Kosten immer mehr steigen, ist kein Anhalten mehr möglich. Weiterbauen wird billiger als ein Baustopp, obwohl das Objekt als solches immer teurer wird. Selbst ein stehender Zug verursacht Ausgaben.

Sollte die neue Therme vielleicht bis 2022 mit exorbitanten Kosten fertig gestellt sein, werden nur noch wenige der jetzigen Akteure im Parlament sitzen. Ihre Nachfolger werden die Suppe auslöffeln, die ihnen ihre Parteifreunde von 2006 bis 2016 eingebrockt haben. Natürlich werden sie dann erklären, dass sie das so nie gemacht hätten, ebenso wie Ex-Bahnvorstand Grube, der 2017 erklärte, er hätte Stuttgart 21 nie gebaut. Am Ende waren es immer die anderen.

Walter Simon

A. Der Ort der Handlung: Bad Nauheim

- Große Namen
- Alte Pracht und Herrlichkeit
- Süße Wirkung des bitteren Salzes
- Fotos

Der Ort der Handlung liegt in der Mitte Deutschlands und dort ebenfalls in der Mitte zwischen Frankfurt am Main und Gießen. Östlich und westlich erheben sich der Taunus und der Vogelsberg. Zwei Kleinflüsse, die Usa und die Wetter, durchfließen die Stadt, um einige Kilometer weiter in die Nidda zu münden. Auf dem Bad Nauheimer Hausberg bauen Hobbywinzer einen schmackhaften Wein an.

Aus Niwiheim, einem unbedeutenden Flecken der Landkarte, entwickelte sich im neunzehnten Jahrhundert ein bedeutendes Heilbad. Nach der Eingemeindung von drei weiteren Orten in den 1970er Jahren steigerte sich die Einwohnerzahl auf über 30.000.

Große Namen

Die Stadt hat Geschichte. Kelten schufen hier eine bedeutende Produktionsstätte der Salzgewinnung. Etwa um 100 n. Chr. errichteten die römischen Eroberer Kastelle, um sich mutiger Angriffe unserer germanischen Urahnen zu erwehren. Auch der zwei Kilometer entfernte Limes bot ihnen Schutz.

Zur Geschichte Bad Nauheims gehören berühmte Kurgäste, wie Ibn Saud, Sepp Herberger, Erich Kästner, Otto von Bismarck, Otto Hahn und Hans Albers, um nur einige zu nennen. Einer der bedeutendsten Gäste war Roosevelt, der hier zu Schule ging, während sein Vater kurte. Bekanntlich hatte Roosevelt eine schlechte Meinung über Deutschland. Welchen Anteil hat Bad Nauheim an seiner Einstellung?

Elvis Presley, der von Oktober 1958 bis März 1960 seinen Wehrdienst in den US-Kasernen der Nachbarstadt Friedberg leistete, bezog für sich und seinen Hofstaat exklusive Wohnstätten gleich neben dem Kurpark. Hier gab er Prescilla das „Ja-Wort“, von ihrer Mutter, einer Offiziersgattin, geschickt eingefädelt. Ein ausrangierter, mit einem Elvis-Gipsrelief versehener zwei Meter hoher Grabstein soll als Denkmal die Erinnerung an den King of Rock"n" Roll wach halten.

20

Hin und wieder werden Lippenstiftreste von diesem Gipsrelief abgewischt. Einmal im Jahr pilgern zumeist ältere Elvis-Nostalgiker zum European Elvis-Festival, das 2017 zum zehnten Mal stattfindet.

Einstein diskutierte hier 1920 mit dem Nobelpreisträger Philipp Lenard, der die Relativitätstheorie als Judenbetrug denunzierte.

Nicht minder bedeutsam war der dreiwöchige Kuraufenthalt der habsburgischen Kaiserin Sissi. Noch heute schlüpft eine Ex-Schauspielerin in die Rolle der Wittelsbachprinzessin und befriedigt monarchistische Sehnsüchte. Was war sie doch für eine wundervolle Frau, zumindest im Film an der Seite von Karl-Heinz Böhm. Wie man hört, war der Kurerfolg eher mäßig. Sie war froh, nach Genf weiterreisen zu können. Wäre sie doch besser hiergeblieben, denn dort wartete schon ihr Mörder.

Große Namen verführen, den Blick nach hinten zu richten. Immer wieder schwelgt die Heimatpresse in der goldenen Vergangenheit und verführt zum Blick rückwärts. Der Blick zurück bestätigt die „echten" Kurstädter immer wieder darin, in einer besonderen Stadt zu leben.

Alte Pracht und Herrlichkeit

Ohne den plötzlichen Ausbruch einer 32 Grad warmen Therme im Jahre 1846 und der Großzügigkeit des Landgrafen Ernst-Ludwig wäre Bad Nauheim das Salzsiederdorf Niwiheim geblieben. Der generöse Landgraf ermöglichte um 1900 den Bau stilvoller Bade- und Kuranlagen und die Anlage eines Kurparks im englischen Parkstil. Um den Park und die Kurbauten herum entwickelte sich eine rege Bautätigkeit, um den zuströmenden Gästen anspruchsvolle Quartiere, darunter prachtvolle Hotels, zu bieten. Der Jugendstil der Badeanlagen vereinigte sich mit der Architektur des Historismus, die noch heute stadtprägend ist. Die Firma Faller, Modellbau, wählte den Bad Nauheimer Jugendstilbahnhof als Vorlage für ein vielverkauftes Kleinmodell.

Absolut unbescheiden meinen viele Einwohner, die Badeanlagen
müßten UNESCO-Weltkulturerbe werden. Ein gewisser Hang zum
Anspruchsdenken ist für die Kurstädter typisch. Das zeigt sich
auch an der Geringschätzung gegenüber den Friedbergern, obwohl
die nur drei Kilometer entfernte Nachbarstadt eine noch interessan-
tere Historie aufzubieten hat als die Kurstadt. Vielleicht liegt hier
auch der kommunalgenetische Schlüssel der enormen Verschuldung Bad Nauheims, denn der Hang zum Größeren, Interessante-
ren und Schöneren kostet Geld.

Süße Wirkungen des bitteren Salzes

Vier große Gradierwerke, besser bekannt als Salinen, ergänzen
das historistische Stadtbild der Kernstadt. Aus Sole gewonnenes
Salz war seit der Keltenzeit dasjenige Wirtschaftsgut, das neben
der Landwirtschaft den Lebensunterhalt der hier lebenden Menschen ermöglichte. Heute verschafft die über Schwarzdornzweige
herabtröpfelnde Sole Linderung bei Beschwerden der Atemwege.

Diese Gradierwerke gehören zur medizinischen Infrastruktur
Bad Nauheims, die sich im Untertitel zum Stadtnamen „Die Gesundheitsstadt" nennt. Grundlage hierfür sind die nach diversen
Gesundheitsreformen verbliebenen Kurkliniken und eine weltweit
bekannte Herzklinik, eine hohe Arzt- und Heilpraktikerdichte und
das Max-Planck-Institut für Herz- und Kreislaufforschung.

Zum medizinischen Angebot gehörte auch das Thermalbad. Es
ist das Thema dieses Buches. 45 Jahre schwammen Wellness- und
Therapiebedürftige hier gemächlich ihre Runden. Zum Jahresausklang 2015 wurde es nach mehr als einem Jahrzehnt kommunalpolitischer Querelen geschlossen. Neubau oder Sanierung, das war
die sich über Jahre hinziehende Streitfrage.

Mit Gesundheit verdienen die meisten der hiesigen Berufstätigen
ihr täglich Brot, aber nicht nur das. Andere leben von Rosen, die
ein einträglicher Erwerbszweig des Ortsteils Steinfurt sind. Es ist
ein Ort wie ein Großrosarium bestehend aus vielen Kleinrosarien.

Kirchen gibt es genug in Bad Nauheim, sogar eine russisch-orthodoxe und eine Synagoge, in der überwiegend russisch gesprochen wird. Zwei Theater befruchten die Kulturszene.

Viele Menschen kennen Bad Nauheim, weil sie selbst oder der Vater, der Onkel oder die Oma dort zur Kur weilten. Andere wissen, dass sich die Kurstadt einen teuren Eishockeyclub leistet, ehemals Erstligist, heute Zweitligaakteur. Der Film „Morgen hör ich auf" mit Bastian Pastewka in der Hauptrolle spielt in Bad Nauheim.

Hat diese Beschreibung Ihre Neugier geweckt? Falls ja, schauen Sie auf die Landkarte. Sie sehen, Bad Nauheim liegt nur einen Kilometer neben der Autobahn A5. Ein Besuch der Stadt, und wenn es nur eine Stippvisite ist, lohnt sich. Sie können sogar mit dem Segelflugzeug anreisen, falls Sie eines besitzen. Herzlich willkommen!

Fotos

Diese Fotos geben eine Vorstellung von Therme und Sprudelhof

Blick auf den Sprudelhof. Links das Thermalbad.

Badehaus 2

B. Chronologie des Versagens

- Ein wenig Vorgeschichte
- Das Jahr 2005
- Das Jahr 2006
- Das Jahr 2007
- Das Jahr 2008
- Das Jahr 2009
- Das Jahr 2010
- Das Jahr 2011
- Das Jahr 2012
- Das Jahr 2013
- Das Jahr 2014
- Das Jahr 2015
- Das Jahr 2016
- Das Jahr 2017

Ein wenig Vorgeschichte

Der 17. September 1972 war ein bedeutsamer Tag in der Historie Bad Nauheims. Das Thermalbad wurde eingeweiht. Es entstand an der Stelle, an der sich viele Jahre ein Freibad befand. Prominenz aus nah und fern, aus Politik und Wirtschaft hatte sich eingefunden, um dem Ereignis einen würdigen Rahmen zu geben. Bürgermeister Schäfer sprach von einem Meisterstück, *„zu dem wir uns alle nur gratulieren können."* (WZ 18.9.1972) Ein fast quadratischer Glasbau steht nun neben der Jugendstilkulisse der Badeanlagen und der Altbaufassade der Konetzky-Klinik. Die Schuhkarton-Architektur entsprach dem Zeitgeist. Der containerförmige Kanzler-Bungalow in Bonn wirkte lange als Leit-Architektur. Wer von einem eigenen Haus träumte, dachte an Bungalows. Das erklärt vielleicht auch, warum man auf eine stilistische Beziehung zum nachbarschaftlichen Jugendstil-Sprudelhof verzichtete. In einer TV-Sendung des Jahres 2009 über Bausünden in Hessen urteilte ein Fachmann aus dem Team des Hessischen Rundfunks: *„Dass sich eine Stadt mit einem derart wunderbaren architektonischen und kulturellen Erbe so etwas hinstellt, kann ich nicht verstehen."* (WZ 14.3.2009)

Finanzminister Reitz, Stargast des Ereignisses, versicherte, dass das Thermalbad ohne Verlust arbeiten werde. In den Festreden hörte man viel von neuen Akzenten, von Aufschwung und einem Meilenstein für die weitere Entwicklung des Kurbetriebes. Was folgte war ein Aufschwung im Abschwung, denn die klassische Kur begann sich deutschlandweit abwärts zu entwickeln.

Den Badegästen wurde etwas geboten, was es so in der Umgebung nicht gab: Ein verbundenes Innen- und Außenbecken mit 30 Grad warmem Wasser, das sich unterirdisch aus dem Vogelsberg seinen Weg bis Bad Nauheim bahnte. Bei dem Wasser handelt es sich um dreiprozentige Natriumchlorid-Thermalsole, etwa von der Qualität des Nordseewassers und das mit einem hohen Kohlensäuregehalt. Modernste Technik wurde eingebaut, um die braune Färbung des Wassers herauszufiltern. Sogar Landesvater Albert Osswald entspannte sich nach einer anstrengenden Tour durch den

Wetteraukreis in der Sole. Neun Millionen DM wurden in das Hallenbad investiert, Geld, das aus der Kasse des Bundeslandes Hessen kam. Damals bestand Bad Nauheim noch aus zwei Teilen, der Gebietskörperschaft einerseits und dem landeseigenen Staatsbad andererseits. Kurbetrieb und Thermalbad, somit auch Gewinn und Verlust, waren Sache der Regierung in Wiesbaden.

In den 1970/80er-Jahren brach eine regelrechte Hallenbadkonjunktur aus, so auch in der Wetterau. Butzbach bekam 1974 sein Hallenbad, Karben 1981. Zeitgleich warb Bad Salzhausen, 20 Kilometer von Bad Nauheim entfernt, für sein respektables Kleinbad mit Thermalwasser und reichhaltigem Therapieangebot. Bad Vilbel eröffnete 1970 ein Hallenbad. Es herrschte eine „Me-too-Stimmung". Hallenbäder gehörten plötzlich zur Mindestausstattung von Kleinstädten. Viele wollten ihren eigenen thermalen „Goldesel".

Im Juni 1980, nur zwanzig Autominuten von Bad Nauheim entfernt, entstand für 30 Millionen DM ein Thermalbad der Superlative, die „Taunus-Therme" in Bad Homburg. Eingebettet in eine japanische Gartenlandschaft, überdacht von Pagodendächern, gab es fortan ein Wellnessangebot vom Feinsten, beispielsweise eine Saunalandschaft mit elf unterschiedlichen Schwitzbädern, 1000 Quadratmetern Wasserfläche, Wasserfällen, Buchten, Kino und vielem mehr. Freitagsabends setzte regelmäßig ein Ansturm auf die Kassen ein, etwa so, wie man es vom Grabbeltisch beim Sommerschlussverkauf kennt. Gegen diesen Wellnesstempel wirkt die Bad Nauheimer Therme wie ein Wellnesskapellchen. Bad Nauheim hatte einen ernstzunehmenden Konkurrenten bekommen. Trotzdem, die Kurstadttherme fand als Ruhe- und Therapiebad ihr eigenes Publikum. Für sieben DM durfte dieses 90 Minuten in das 30 Grad warme Wasser eintauchen, angeblich das wirksamste von allen Wässern in der Gegend. Ein großes Rheumabecken gab der Therme eine besondere Note. Insofern waren Rheumatiker die wahren Leidtragenden der Schließung 2015.

Ab 1980 leistete sich die Kurstadt den Luxus eines weiteren Hallenbades. Gemeinsam mit der Nachbarstadt Friedberg wurde ein dem Freibad angeschlossenes Wellenbad gebaut. Die Gemeinschaft fand auch darin ihren Ausdruck, dass es mittig zwischen beiden Städten entstand. Man kann dieses Bad mit seinem 50 Meter-Becken und einem Kinderbecken, mit Sauna und Gastronomie der Premiumklasse zuordnen.

Für das Verständnis ortsfremder Leser: Hier ist von einem *kommunalen* Hallenbad die Rede. Die Baukosten waren von den beiden Städten aufzubringen, ebenso die laufenden Betriebskosten. Das war beim Thermalbad anders, da sich dieses von 1972 bis 2005 im Eigentum der hessischen Staatsbäderverwaltung befand.

Viele Jahre erfüllte die Therme den ihr zugedachten Zweck. Bis zu 200.000 Besucher zogen in der Sohle ihre Runden, genossen die wärmespeichernden Sauerstoffperlchen auf ihrer Haut, hielten sich an den Haltegriffen der Sprudelanlagen fest, um die Massagewirkung des Wasserstrahls zu genießen, lagen unter den Höhensonnen oder schwitzten in der Sauna. Das Bad war ein Ort des Wohlbefindens. Etwa Dreiviertel der Besucher kamen von außerhalb der Kurstadt. Allabendlich parkten Busse aus dem ganzen Wetteraukreis vor dem Gebäude. Das Bad wirkte wie ein Magnet auf wohlfühl- und gesundheitssuchende Menschen. Stammkunden kauften Monats- und Jahreskarten.

Nur einmal, 1981, brach der Badebetrieb ein halbes Jahr ein. Nach wochenlangen Regenfällen 1981 trat das Flüßchen Usa über seine Ufer und überschwemmte die Kur- und Badeanlagen. Der Sprudelhof glich einer Seenlandschaft. „Land unter" links und rechts der Usa. Eine halbe Million DM war für diverse Reparaturen zu berappen.

Das Jahr 2005

- Kommunalisierung des Staatsbades
- Bernd Witzel neuer Bürgermeister
- Der Zahn der Zeit und die Folgen

Kommunalisierung des Staatsbades

Ab 2005 setzte eine Diskussion über den Zustand des Thermalbades an. Das ergab sich aus der bevorstehenden Kommunalisierung des landeseigenen Staatsbades, das nun in kommunales Eigentum übergehen sollte. Das Land Hessen wollte den defizitären Klotz am Bein loswerden. 84 Hektar der Stadtfläche mitsamt 250 Immobilien gehörten dem Bundesland Hessen. Zehn Jahre wurde verhandelt. Edelimmobilien, wie das Kurhaus mit Hotel und Jugendstil-Theater, ein ehemaliges dem Geschlecht der Ysenburger gehörendes Jagdschloss mit Gastronomie, das Café Johannisberg, in dem schon Kaiserin Sissi ihren Mokka schlürfte, und das historische Billard-Café wurden schnell noch verscherbelt. Die Erlöse flossen in die Landeskasse. Wenn Bad Nauheim ehemals landeseigene Immobilien veräußert, ist das Land mit 50 Prozent zu beteiligen. Das Land lockte mit der Mohrrübe am langen Stock, einigen Millionen Euro und der Ausrichtung der Landesgartenschau 2010. Die Ortspolitik biss gierig in die Mohrrübe, die man ihr hinhielt und tappte voll in die Kostenfalle. 77 Mitarbeiter der ehemaligen Kurbetriebe landeten auf der Lohnrolle der Stadt. Ich war damals als parteiloser Bürgermeisterkandidat der einzige, der vor den finanziellen Folgen warnte, aber kein noch so fundiertes Argument, keine noch so gute Investitionsrechnung konnte die Euphorie bremsen. Die jährlichen Unterhaltskosten des Gesamtkomplexes Staatsbad wurden damals mit 1,3 Millionen Euro veranschlagt. Das Ganze sollte mit einem Gutachten abgesichert werden, für das 153.000 Euro gezahlt wurden. Die Wetterauer Zeitung schrieb: Darin *„wurde alles das aufgezeigt, was ohnehin schon jeder wusste"* (WZ, 2.4.2005). Am 1. Juli 2005 ging das Staatsbad in den Besitz der Stadt Bad Nauheim über.

Die Einsichtnahme in das hier erwähnte Gutachten wurde mir nicht ermöglicht.

Das waren die Verhandlungsergebnisse:

- Für die Jahre 2006 bis 2010 zahlt das Bundesland Hessen der Stadt Bad Nauheim einen Verlustausgleich von 2,6 Millionen

Euro pro Jahr, insgesamt also 13 Millionen Euro.
- Das Land beteiligt sich an der Restaurierung von Gebäuden, die in den Besitz der Stadt übergehen mit einmalig 11,25 Millionen Euro.
- Das Finanzministerium zahlte außerdem 1,25 Millionen Euro für die Sanierung des Badewasserkanals I und den Abriss des Gradierbaus II.
- Gesamtsumme 21,3 Million Euro, verteilt auf fünf Jahre. Abzuziehen sind 4,2 Millionen Euro für Immobilien, die nicht zum Kurbetrieb gehören, aber in das Eigentum der Stadt übergehen.
- An Immobilienverkäufen ist das Land Hessen mit 50 Prozent zu beteiligen.
- Bad Nauheim übernimmt in einem Eigenbetrieb 77 der 104 Mitarbeiter des Staatsbades.

„Bad Nauheim bricht zu neuen Ufern auf" prophezeite das damalige Stadtoberhaupt Bernd Rohde (CDU) 2005. Angekommen ist man dort, heute zwölf Jahre später, leider nicht und wird es wohl auch in den nächsten zwölf Jahren nicht schaffen.

Bernd Witzel neuer Bürgermeister

Der Zweite Stadtrat Bernd Witzel (FW/UWG) war als Sieger aus der Bürgermeisterwahl 2005 hervorgegangen und löste Bernd Rohde (CDU) als Stadtoberhaupt ab. Anlässlich der Amtseinführung kündigte er eine weitere Verschuldung der Stadt an, um investieren zu können und konkurrenzfähig zu bleiben. Er prägte den Diskussions- und Prozessverlauf bis 2011.

Witzel war ein kumpelhafter, manchmal unberechenbarer und unbeherrscht reagierender Typ, oftmals sogar polterig, aber in seiner Art pragmatisch und authentisch. Letzteres schätzen wir Menschen, wie es die Beispiele Herbert Wehner und Franz Josef Strauß zeigten, selbst wenn sie anderer politischer Meinung waren. Der neue Bürgermeister war ein antiintellektueller Vereinfacher mit einer populistischen Ader, die ihm aber zum Verhängnis wurde.

Nach fünf Jahren, am Wahltag 2016, wurden seine vielen politischen Fehltritte abgerechnet. Es war „Schluss mit lustig". Als Wirt einer Straußwirtschaft hat er nach seiner Abwahl seine Berufung gefunden. Könnte er singen, wäre er der richtige Mann für den „Blauen Bock" der Kurstadt.

Seine Qualifikation ist Bad Nauheim, wenn man es sinnbildlich so sagen darf. E ist ein „Diplom-Nauheimer" mit Haut und Haaren. Seine politische Kinderstube war zunächst das Stadtparlament, später das Kämmererbüro. Trotz meiner Prügel in Leserbriefen erlebte ich ihn nie als nachtragend. Das macht ihn sympathisch.

Der Zahn der Zeit und die Folgen

Der Verfall eines Gebäudes beginnt mit dem Tage seiner Fertigstellung. Von diesem Zeitpunkt an müssen die laufenden Instandsetzungen erfolgen, vorausgesetzt jemand schaut richtig hin und ein Anderer stellt die Mittel zur Verfügung. In der Stadt wurde beklagt, das Thermalbad altere, ohne dass man Anti-Aging-Maßnahmen einleite. Das Land hatte über Jahrzehnte hinweg nichts unternommen, um das Bad in Schuss zu halten. Na klar, die Besucher hatten Augen im Kopf und sahen die Schäden. Aber der Eigentümer, das Bundesland, saß in Wiesbaden. Der Kurdirektor als örtlicher Statthalter musste um jede Mark kämpfen. In Wiesbaden verordnete Ministerpräsident Roland Koch neoliberale Medizin. Ein Staatsbad passte ebensowenig ins Konzept wie die staatseigenen Universitätskliniken in Gießen und Marburg. Alle sechs hessischen Staatsbäder wurden den Kurorten zwecks Kommunalisierung angeboten. beziehungsweise aufoktroyiert.

Etwa so um 2005 mehrten sich die Hinweise, dass das Thermalbad in die Jahre gekommen sei. Der Erste Stadtrat (Kämmerer) Dörner machte darauf aufmerksam, dass der Sanierungsbedarf für die übernommenen Liegenschaften enorm sei. Es müsse in das Thermalbad, dessen Technik auf dem Stand der 70er Jahre sei, investiert werden (WZ 20.8.2005). Man darf kritisch nachfragen, warum der Glaskasten nach 35 Jahren tatsächlich schon Alterserscheinungen aufwies. Von Nachhaltigkeit hatte man wohl in den 1970er-Jahren noch nichts gehört.

Das Jahr 2006

- Der Sprudelhof als Herzstück der Region
- Die Untergrund-Therme
- Welle der Empörung
- 3B: Forderung nach einem Gesamtkonzept
- SPD-Ortsverein will Sanierung
- Der Entwurf eines renommierten Architekten
- Kosmetik statt Neubau
- Das Badehaustheater

Die Therme war altersschwach geworden. Viel mehr als das Alter und die Technik wurde das fehlende Gesamtkonzept der kurstädtischen Bäderlandschaft kritisiert. Für das Nebeneinander von Therme, Wellenbad und klassischen Badehäusern wurde erstmals von einer Gruppe mit dem Namen 3B-Bürgerbündnis Bad Nauheim - eine konzeptionelle Verzahnung gefordert. Wannenbäder und Soletherme waren durch einen etwa 50 Meter breiten Grünstreifen getrennt. Der Gedanke, beide zu verschmelzen, lag nahe. Zu diesem Zeitpunkt wurde die Therme mit einer 250.000 DM teuren Sauna aufgerüstet, obwohl es eine solche bereits im Usa-Wellenbad, einem weiteren Hallenbad, gab. Man wollte anderen Badanbietern Paroli bieten. Plötzlich stand das Magic-Word „Wohlfühl- und Erlebniswasserlandschaft" im Raum. Dazu gehört natürlich ein luxuriöses Wellness-Hotel.

Die bevorstehende Kommunalisierung des Staatsbades, so die Hoffnung, würde mit Zuschüssen aus der Landeskasse versüßt. Das verführte zum Träumen. Bürgermeister Witzel propagierte ab Mai 2006 die Idee eines Umbaus, für die auch der Begriff Sanierung stand, mit anschließendem Neubau. Es ging ihm unter anderem darum, sich gegen die Konkurrenz aus Bad Homburg aufzustellen. Für die erste Etappe wurden drei Wochen angesetzt. *„In aller Kürze schaffen wir so ein modernes Thermalbad"*, so das Stadtoberhaupt. Die Betriebskosten bis 2010 bezifferte er mit 460.000 Euro. Für den später folgenden Neubau nannte er einen Preis von bis zu 14 Millionen Euro (WZ 19.5.2006).

5/2006 - Kostenschätzung
o Thermenneubau 14 Millionen Euro
o Betriebskosten p.a. 460.000 Euro

Der Sprudelhof als Herzstück der Region

Der Thermenbetrieb war 2006 von einer Betreibergesellschaft übernommen worden. Vom Chef dieses Unternehmens war verheißungsvoll zu erfahren, dass Bad Nauheim nunmehr aus dem Dornröschenschlaf erwache. Ergänzend verkündete Bürgermeister

Witzel seine Vision: *„Es geht nicht mehr um punktuelle Orte wie die Stadt Bad Nauheim, sondern um eine ganze Region. Bad Nauheim kann das Herzstück dieser Region sein"* (WZ 19.5.2006). Na klar, schließlich ist die Stadt ein Herzheilbad. Als Vorbild galt ihm die Therme der Stadt Spa in Belgien, die er im Juni 2006 mit einigen reisefreudigen Kurstädtern besuchte. Dort sei die Besucherzahl nach dem Neubau der Therme explosionsartig gestiegen.

Die Untergrund-Therme

Ende Juni 2006 vermeldete die Wetterauer Zeitung eine kleine Sensation. Eine Arbeitsgruppe aus Vertretern des Landes und der Stadt schlug vor, eine unterirdische „Wellness-Oase" zu bauen. Im Innenhof des denkmalgeschützten Sprudelhofes, auf dem zwei Brunnen seit 1911 sprudeln, von einem überdimensionierten Bronzelöwen bewacht, sollte eine zwölf Meter tiefe Grube ausgebaggert werden. Wenn schon das Thermalwasser in unterirdischen Flussverläufen nach Bad Nauheim fließt, kann man doch auch die Therme gleich dort unten bauen. Staatssekretär Arnold (CDU) aus dem Finanzministerium bezifferte den Finanzbedarf, einschließlich Sanierung des Sprudelhofes, auf 50 Millionen Euro und sprach von einem „Leuchtturmprojekt". Als Bauträger wurden die Stadt und das Land benannt. Bürgermeister Witzel erklärte, dass das Thermalbad nicht mit vertretbarem Aufwand zu sanieren und den heutigen Erfordernissen anzupassen sei. Deshalb sei nur eine große Lösung denkbar. Ein Investor war noch zu suchen. Der sollte genug Gewinn erwirtschaften, um die denkmalgeschützten Bauwerke zu erhalten. Geplanter Baubeginn: 2008. Bereits zu Beginn der Landesgartenschau 2010 sollten die Kurstädter und Gäste in der „Maulwurftherme" baden können, wenn alles so gekommen wäre wie geplant. Der Investor jedenfalls wurde nie gefunden. 130.000 Euro für eine Machbarkeitsstudie waren abzuschreiben.

6/2006 - Terminnennung
- *Eröffnung Untergrundtherme 2010*
- *Kosten für eine nutzlose Machbarkeitsstudie 130.000 €*

Bad Nauheims CDU begrüßte nur einen Tag später diesen Vorschlag. Das musste sie auch, waren doch die Details dieses Vorschlages im Wiesbadener Finanzministerium in enger Abstimmung mit dem Bad Nauheimer CDU-Landtagsabgeordneten und gleichzeitigem CDU-Fraktionsführer im Stadtparlament, Klaus Dietz, ausgebrütet worden. Dieser sprach nunmehr auch vom Dornröschenschlaf, aus dem Bad Nauheim erweckt werden müsse. Er sorgte für den Gleichschritt von CDU-Ministerialbürokratie und hiesiger CDU-Fraktion (WZ 24.4.2006). Die „unabhängigen" UWGisten folgten dem großen Bruder. Unterirdisches Baden, wo gibt es das schon?

Eine Welle der Empörung brach los. Heiliger Boden, das gewünschte UNESCO-Weltkulturerbe, sollte geschändet werden. Die Heimatzeitung wurde mit Leserbriefen überhäuft. In den Überschriften war von Bunkerbad, Aprilscherz, Größenwahn der Kleinstadt, Beton statt Glas u.ä. die Rede. Ein stets präsenter Heimatdichter verulkte die Idee. Man solle die ganze Stadt in den Untergrund verlegen. Eine Initiative der Stammkunden sammelte in Windeseile 3.000 Unterschriften gegen das Projekt.

Im August 2006 formierte sich der Widerstand gegen die Pläne von CDU und Freien Wählern (UWG). Die Menschen befürchteten die Umwandlung von einem gesundheitsfördernden Solebad in ein Spaßbad nebst Preiserhöhungen. Sie wollten keinen Schwimmbunker ohne Außenbecken. Dem widersprach der Bürgermeister. Er werde keinem Modetrend folgen. Außerdem, der Neubau sei unumgänglich, da allein die Sanierung der Technik im jetzigen Bad 12 bis 16 Millionen Euro kosten würde. Wohlgemerkt, nur die Technik.

Welle der Empörung

Die Bevölkerung weigerte sich, das, was ihnen die „Stadtverordner" von CDU und FW/UWG verordnen wollten, zu schlucken. Auf einer Ende Oktober 2006 angesetzten Bürgerversammlung, an der rund 300 Interessierte teilnahmen, wurde der Tunnelidee eine deutliche Abfuhr erteilt. Der aus Wiesbaden angereiste Staatssekretär ruderte zurück. Man sei für alle Anregungen offen, auch für einen Plan B, versicherte er „auffallend zurückhaltend" (WZ 23.10.06).

Eine ehrenamtliche Koordinierungsgruppe nutzte diese Bürgerversammlung für die Präsentation eines alternativen Nutzungskonzepts, das weiter hinten vorgestellt wird. Diese Gruppierung koordinierte die Interessen des Theatervereins, des Jugendstilvereins, des Museumsvereins und der Agenda 21. Der tosende Applaus für den Sprecher dieser Gruppe spiegelte die Stimmung der Teilnehmer, ja sogar der Bevölkerung wieder.

Auch die SPD hatte diese Bürgerversammlung gefordert. Die Genossen bezogen Stellung und forderten: Sanierung der Therme bei gleichzeitiger Angebotserweiterung unter Einbeziehung der Badehäuser im Sprudelhof. Sie unterlegten ihre Forderung mit 2.500 Unterschriften. In einem Antrag an das Stadtparlament wurde ein Nutzungskonzept, eine Aussage über Sanierung oder Neubau und eine „gezielte Strategiebildung" gefordert. Gut gedacht, aber das strategische Wissen und Können von Politik und Verwaltung wurde erheblich überschätzt. Zeitgleich begannen die üblichen Schlammschlachten, unter anderem mit persönlichen Beleidigungen seitens des Bürgermeisters.

9/2006 - SPD fordert
Sanierung mit Anbindung zum Sprudelhof

3B: Forderung nach einem Gesamtkonzept

Die Gruppe 3B forderte ein geschlossenes Gesamtkonzept für die Bäderstadt statt isolierter Einzelprojekte. Ob Sanierung oder Neubau, darauf mochten sich die 3B-ler noch nicht festlegen. Als Bürgerbündnis Bad Nauheim, so die Eigenbezeichnung, lag es nahe, zunächst die obige Bürgerversammlung zu fordern. Im Oktober konkretisierten sich die Zukunftsvorstellungen der 3B-Gruppe. Sie sprach sich im Stadtparlament für eine Wohlfühl- und

Erlebnislandschaft nebst Tagungs- und Wellnesshotel aus. Und natürlich solle auch der Sprudelhof neugestaltet werden, denn schließlich habe Bad Nauheim das Potential zum UNESCO-Weltkulturerbe. Wer das meint und sagt streichelt die Seele der Kurstädter.

2006 - 3B fordert Neubau mit Anbindung zum Sprudelhof

Die 3B-Gruppierung war als Initiative eines gewissen Jörg Krämer entstanden, ein Mann, den die SPD aus der Wetterau „importierte", um ihn als „parteilosen" Bürgermeisterkandidaten der Bevölkerung zu verkaufen. Der Neubürger war ein Allroundgenie: Sozialarbeiter und staatlich zugelassener Heilpraktiker für Psychoanalyse, geschäftsführender Vorstand von vier halbstaatlichen Vereinen, Immobilienmakler und Bauträger, Vertriebsrepräsentant der schwedischen CarlsonHus in Deutschland und als Ehrenbeamter der Kreisverwaltung stellvertretender Amtsleiter für Migration. Natürlich war er auch der „Experte" für das Thema Sprudelhof/Therme, der sich bei jeder denkbaren Gelegenheit mit Selbstverständlichkeiten zu Worte meldete. Viele Kurstädter waren von diesem Megaman überzeugt, bis er plötzlich von der Bildfläche auf Nimmerwiedersehen verschwand.

Der Entwurf eines renommierten Architekten

Wie gut, wenn kluge Köpfe gleich in der Nachbarschaft wohnen. Dazu darf man einen Architekten namens Hölzinger zählen. Er meldete sich im Verlauf der Diskussion mit einem Gegenentwurf zum unterirdischen Thermalbunker, den er als Fehlplanung beschrieb. Das Gesamtensemble des Sprudelhofes würde mit dieser Lösung Schaden nehmen, kritisierte er. Für die städtebauliche Wirksamkeit sei vor allem das Umgebungsambiente entscheidend. Dazu gehören die Bäume und Wassersäulen, der Sprudelbrunnen im Innenhof der Anlage, die zur Disposition stünden (WZ 23.9.2006).

40

Üblicherweise werden ungebetene Vorschläge zwar zur Kenntnis genommen, aber nicht weiter gewürdigt. Das war im Falle dieses Architekten nicht möglich, da Großaufträge, Publikationen und Auszeichnungen zu seinem Lebenswerk gehören und ein Professorentitel seinen Namen ziert. Die Bürger der Stadt kennen die von ihm geschaffene, etwa 10 Meter hohe Wasserstele, in der Mitte der Innenstadt und seine Häuser, die in ihren vielfältigen Formen das Stadtbild prägen.

Er plädierte für den unversehrten Erhalt des Sprudelhofes. Sein Entwurf basierte auf einer ovalen Grundform, die sich gestalterisch an den Brunnen in der Mitte des Sprudelhofes anlehnt und harmonisch in das Gelände einfügt. Das Solebad selbst sollte mit Außenbecken neben dem Sprudelhof entstehen und daneben ein Hotel mit Anbindung an die Therme. 2013 griff eine Gruppierung Interessierter Hölzingers Vorschlag nochmals auf. Der Architekt konkretisierte: *„Es handelt sich im Grunde um einen Erdbau. Bis auf die Kuppel gibt es keine Fassaden. Wirtschaftlich gesehen hätte das Konzept auf jeden Fall eine Chance."* Der seit 2011 amtierende Bürgermeister gibt die passende Antwort: *„Was nutzt das wunderschönste Modell der ganzen Welt, wenn sich am Ende niemand findet, der es baut oder betreibt."* Hölzingers Meinung, der Badebetrieb der Alttherme könne während der Zeit des Neubaus aufrecht erhalten werden, verwies er in das Reich der Phantasie: *„Das ist definitiv nicht machbar."* (WZ 13.4.2013)

Hätte die Stadt einen Konzeptentwurf ausgeschrieben, wäre dafür ein Honorar fällig gewesen. Hier aber hatte ein renommierter Architekt seiner Heimatstadt einen „Liebesdienst" erwiesen, indem er mit einem unentgeltlichen Entwurf die öffentliche Diskussion belebte.

Im April 2012 berichtete er auf einer Veranstaltung, dass sich die Rathausspitze nie mit seinem Entwurf beschäftigt habe. Das war die Strafe für die weiter hinten erwähnte Menschenketten-Demonstration gegen die Untergrundtherme, so sinngemäß seine Aussage (WZ 23.4.2012).

Der Entwurf des Architekten fand große Zustimmung. Die SPD und andere Gruppierungen forderten, sein Konzept bei zukünftigen Überlegungen zu berücksichtigen.

Kosmetik statt Neubau

Nachdem auch der christdemokratische Stadtverordnetenvorsteher aus der CDU/UWG-Phalanx ausgebrochen war, wurde die gedanklich schon existente Grube für die Untergrund-Therme wieder zugeschüttet. CDU und Freie Wähler mussten gezwungenermaßen die Lektion lernen, die man ihnen verpasst hatte. Anfang Dezember 2006 erklärte das Rathaus das Thema für beendet. Die Idee der Untergrundtherme verschwand im Untergrund. Das Thema lautete nun „Sanierung statt Neubau". Vollmundig rief Bürgermeister Witzel: *„Der Ruf und die Bedeutung der ehemals weltberühmten Therme mit 300.000 Besuchern jährlich muss wiederhergestellt werden."* Leider misslang das, denn trotz ihrer weltweiten Berühmtheit – Witzel hat einen Hang zu solchen Superlativen – fanden nur 180.000 Menschen fortan den Weg in die Sole (WZ 8.12.2006).

Für die Umbauarbeiten, von Witzel als Sanierung deklariert, waren 400.000 Euro vom defizitären Kurbetrieb aufzubringen. Für ein 40 Jahre altes Hallenbad reicht das nur zur kosmetischen Raumschminke. So betrafen die Verbesserungen auch nur das Foyer, die Ruhezone und Bodenbeläge, die Sanitär- und Lüftungsanlagen und die Gastronomie. Andererseits sind 400.000 Euro eine Menge Geld für ein Gebäude, dessen Abriss und Neubau bereits geplant war.

Das Badehaus-Theater

Da sich die Therme nur einen Steinwurf weit vom Badehaus 2 und über eine Verbindung nachgedacht wurde, berührte das die Interessen des Theatervereins. Im gefliesten Jugendstilambiente dieser ehemaligen Badewannen-Anlage wird ein für Kleinstadtverhältnisse gutes und mit Auszeichnungen gewürdigtes Theater gespielt, und das in Eigenregie und mit viel Engagement.

25 Jahre stand dieses Badehaus leer, bis es von den Theaterleuten mit neuem Leben erfüllt wurde. Ich kenne den Zustand vorher und nachher und kann die immense Zahl an Arbeitsstunden nachvollziehen. 185.000 Euro wurde von den Theaterfreunden investiert (WZ 17.8.2012). Die Kommune kann sich glücklich schätzen, diese Spielstätte in ihrer Gemarkung zu haben. Jährlich besuchen etwa 12.500 Menschen pro Jahr die Aufführungen des „Theaters an der Feuerwache" (TAF), so die Bezeichnung, weil es in der ehemaligen Feuerwache seinen Anfang nahm. Im Rahmen kommunaler Bilanzierung ist das TAF ein wertiger Habenposten.

Wie die Zukunft der Spielstätte dieses Theaters aussehen würde, war in der Gemengelage unterschiedlicher Interessen ungewiss. Fehlende Informationen schufen Unklarheit und lösten Ängste aus. Die Theaterfreunde gingen in die argumentative Offensive. Sie legten zusammen mit dem Jugendstilverein ein fast hundertseitiges Nutzungskonzept für den Sprudelhof vor, für das McKinsey oder ein anderes Beratungsunternehmen mindestens 50.000 Euro abgerechnet hätte. Die Strukturierung und Logik des Papiers lässt auf die Mitwirkung von kaufmännisch Sachverständigen und projekterfahrenen Aktivisten schließen.

Die Autoren benannten zwei Nutzungsbereiche und detaillierten sie: Erstens medizinische und zweitens kulturelle Nutzung, beides im weitesten Sinne. Auch die ökonomische Analyse erschien fundiert. Es wurde eine durchdachte Kosten-Ertragsanalyse, beziehungsweise Investitionsrechnung vorgelegt. Sie erfüllte die Anforderungen an eine Due Diligence, also an eine Risikosprüfung im Geschäftsleben. Um den Leser hier nicht mit Zahlenfriedhöfen zu langweilen empfehle ich die Internetseite www.sprudelhofkonzept.de.

Dieses Manuskript entsteht 2017. Das Konzept der Theaterfreunde wurde 2006 vorgelegt. Es stellt sich die Frage, was davon

umgesetzt wurde. Ein Vertreter der „Koordinierungsgruppe Sprudelhof" (Theater, Jugendstilfreunde, Museumsverein und Agenda
21) berichtete auf einer öffentlichen Veranstaltung, die sich Sonntagsgespräch nennt, dass das Konzept von der Politik nicht gewürdigt wurde. Der Hirnschmalz von 100 Sitzungen (!) erwies sich als
ergebnislose Leistung. Ehrenamtliches Engagement unerwünscht.
Die gut klingenden Belobigungen und Versprechungen waren
nichts als Lippenbekenntnisse. Das hat sich durch den Neubaubeschluss 2016 bestätigt, trotz der Beruhigungspillen die man den
Theaterfreunden verabreichte. Ich vermute, das Konzept der Koordinierungsgruppe wurde als „Schrankware" irgendwo in der Büro-
kratie versenkt. Das geforderte Jugendstil- und/oder Salzmuseum
ist kein Thema mehr. Der am Entwurf beteiligte Museumsverein
ist inzwischen sanft entschlafen.

Das Jahr 2007

- Die Non-Kommunikation des Bürgermeisters
- Menschenkette gegen CDU- und UWG-Pläne
- CDU nicht lernfähig
- Die Übernahmefalle schnappt zu
- Investor gesucht
- Die 51 Millionen-Sprudelhofstiftung

Non-Kommunikation des Bürgermeisters

Im Mittelpunkt der Diskussionen des Jahres 2007 stand die Zukunft des Sprudelhofes. Die vorstehend erwähnte Koordinierungsgruppe Sprudelhof (Theaterverein, Museumsverein, Jugendstilverein und Agenda 21) war der Wortführer, wobei das Hauptgewicht bei den Theaterleuten lag. Sie beklagten die fehlende Informationspolitik und die mangelnde Kooperation des Bürgermeisters. Er verweigere sich der Kooperation. Der Begriff „Non-Kommunikation" machte die Runde.

Die Koordinationsgruppe artikulierte deutlich ihre Angst vor einer neoliberalen Ausrichtung des Sprudelhof-Konstrukts. *„Wenn erst einmal ein privater Investor im Sprudelhof das Sagen hat, wird es von ihm abhängen, ob Führungen stattfinden, Vereine das Gelände nutzen oder Touristen das Jugendstiljuwel besichtigen können"*, warnte der Sprecher der Theatergruppe. Als öffentliches Denkmal müsse der Sprudelhof dauerhaft in öffentlichen Händen bleiben (WZ 23.1.2007).

Kurz zuvor hatte sich die SPD zu Wort gemeldet. Die von Bürgermeister Witzel praktizierten Verhandlungen hinter verschlossenen Türen müssten endlich ein Ende haben, forderte der Fraktionsvorsitzende. Vor allem seien die Ideen des Architekten Prof. Hölzinger in die weitere Planung einzubeziehen. Auch die Genossen wandten sich gegen eine wie auch immer geartete Privatisierung des Jugendstilensembles.

Nach der Untergrundtherme begann die Untergrunddiskussion im Rathaus. Im Parlament beschwerten sich Sprecher mehrerer Fraktionen darüber, nicht ausreichend informiert zu werden. Im gesamten Prozess verlauf, zumindest in den Jahren der Regentschaft Witzel, hörte man immer wieder Klagen über die mangelnde Informationsversorgung. Ich glaube, dass dem kein böser Wille zugrunde lag. Ihm fehlte das Bewusstsein der Bedeutung von Information, Kommunikation und Kooperation für das Funktionieren von Organisationen und Sozialgebilden. Einige Jahre Praxis in einem Wirtschaftsunternehmen hätte ihm, dem Ex-Angestellten des

Arbeitsamtes, gut angestanden, um die Bedeutung von Information, Kommunikation und Kooperation als zentrale Managementfunktion einer Kommunalverwaltung mit 300 Mitarbeitern zu verstehen.

Menschenkette gegen CDU- und UWG-Pläne

Höhepunkt des Widerstandes gegen das informationsfeindliche Verhalten von CDU und FW/UWG in Sachen Sprudelhof war eine von der erwähnten Koordinierungsgruppe ausgerufene Demonstration in Form einer Menschenkette, an der sich am 23.4.2007 etwa 1.000 Teilnehmer aus der ganzen Wetterau beteiligten, darunter sogar CDU-Politiker. Diese Kette reichte vom Sprudelhof bis zum Rathaus. In einem Protestbrief, der von Teilnehmer zu Teilnehmer bis hin zum Rathaus weitergereicht wurde, hieß es klar und deutlich: Keine Untergrundtherme und keine Totalprivatisierung im Sinne von Public Private Partnership.

Die Betonköpfe der CDU- und UWG-Spitze begriffen nun langsam, dass ihre Maulwurf-Therme nicht durchsetzbar sei. Um den Initiatoren des Protestes den Wind aus den Segeln zu nehmen, verkündeten die Stadtoberen neue Pläne. Nunmehr war von einer zu gründenden Sprudelhof-Stiftung die Rede, dem Bau eines neuen Bades, eines Hotels sowie kultureller Nutzungsmöglichkeiten im Sprudelhof.

CDU nicht lernfähig

Im Nachhinein stellt sich die Frage, wie es passieren konnte, dass die CDU und ihr kleiner FW/UWG-Bruder die Kurstädter so falsch einschätzten, dass sie die Schändung des Sprudelhofes andachten. Die CDU nennt sich Volkspartei, erwies sich aber als Vollzugspartei von Gedankenexperimenten des ministeriellen Immobilienmanagements in Wiesbaden. Sie offenbarte wieder einmal ihre Unfähigkeit, Stimmungen und Signale aus der Bürgerschaft richtig zu deuten. Die sogenannte „Unabhängige Wählergemeinschaft" (UWG) mutierte derweil zur AWG, „Abhängige Wählergemeinschaft". Beide zusammen hatten mit der Untergrund-Therme einen chirurgischen Eingriff in den Sprudelhof geplant, der einen Dauerschaden des Patienten bewirkt hätte.

Man hatte nichts aus dem Skiwiesendesaster des Jahres 2004 gelernt. Damals sollte ein großer Teil des Stadtwaldes mit dazugehörten Wiesen an den Golfklub veräußert werden, um Golfern das 18-Loch-Vergnügen zu ermöglichen. Diese hätten das Fünffache der Fläche aller Sportflächen der Stadt bekommen. Die CDU war sich ihrer Pflicht gegenüber den betuchten Golfern bewusst. Das Vorhaben scheiterte am massiven Widerstand der Bevölkerung. Ein Bürgerbescheid schob der CDU den notwendigen Riegel vor.

Auch der Versuch, eine wegen ihrer Schwatzhaftigkeit und Wichtigtuerei unbeliebte Dame auf den Bürgermeisterstuhl zu hieven, scheiterte. Das Volk wollte nicht noch mehr CDU-Vetternund Klüngelwirtschaft, denn die Kandidatin war die geschiedene Ehefrau des CDU-Bürgermeisters der Jahre 2000 bis 2005 und Schwester des CDU-Kämmerers. Die aktuelle Ehefrau des Ex-Bürgermeisters saß natürlich auch im Parlament, sozusagen der verlängerte Arm ihres strippenziehenden Ehemannes. Die Ex-Ehefau erreichte nur 14,2 Prozent der Stimmen. Das hatten viele in der Stadt schon vorher so kommen sehen, nur nicht die CDU.

Die Übernahmefalle schnappt zu

Zwei Jahre nach Abschluss des Kommunalisierungsvertrages dämmerte es den Verantwortlichen, dass die Risiken der Staatsbadübernahme größer als die Chancen waren. Es herrschte Ebbe in der Kasse. Die Kurbetriebe hatten 2006 einen Verlust von 3,11 Millionen Euro eingefahren. Bis 2010 würde die Landesregierung dafür einstehen. Was aber danach? Die Oppositionsparteien bemängelten die ausbleibende Ergebnisverbesserung. Aber schnell wirkende Rezepte hatten auch sie nicht. Erststadtrat (Kämmerer)

Häuser sprach mit Blick auf die nächsten Jahre von der Möglichkeit eines „Klotzes am Bein". Er meinte die Folgekosten der Staatsbadübernahme, die allen Beteiligten bewusst gewesen seien. *„Wäre der Kurbetrieb ein Profitbereich, hätte sich das Land davon nicht getrennt. "* (WZ 1.11.2007) Der Lokalredakteur der Wetterauer Zeitung fasste seine Analyse recht unverblümt unter der Überschrift „Die Übernahmefalle" zusammen. Er bezifferte die Unterhaltungskosten allein für den Sprudelhof auf jährlich 1,3 Millionen Euro und warnte in Bezug auf den Sprudelhof vor einer weiteren Übernahmefalle (siehe Kommentarkasten). Die erste Falle war größer als der Speck, die nächste könnte noch größer sein.

Kommentar Wetterauer Zeitung, 1.11.2007

Die Übernahmefalle – Teil zwei

„Die Wahrheit ist: Das Staatsbad wurde der Stadt aufgezwungen, weil das Land die bessere Verhandlungsposition hatte. Wiesbaden nutzte die ungleichen Kräfteverhältnisse konsequent aus, die lokalen Politiker mussten zähneknirschend akzeptieren. Zunächst verkaufte das Land lukrative Immobilien an Private, gleichzeitig ließ es den Rest verkommen und erhöhte damit den Druck auf die Stadt bezüglich der Kommunalisierung... Fatal wäre es, sich auf den Landeszuschüssen auszuruhen, die nur bis Mitte 2010 fließen... Auf keinen Fall darf die Stadt sehenden Auges zum zweiten Mal in eine Übernahmefalle des Landes tappen. Die Rede ist natürlich vom Sprudelhof. Auch hier die bekannte Taktik: Wiesbaden tut nichts für den Erhalt der Immobilie ... und will der Stadt einen weiteren Klotz ans Bein binden."

Bernd Klühs

Von Bürgermeister Witzel konnte man wiederholt hören, dass er den Kommunalisierungsvertrag aufgrund der darin befindlichen Fallstricke nicht unterschrieben hätte, obwohl er ihn an anderer Stelle in höchsten Tönen lobte. Für mich ist es einfach unglaublich, wie leichtsinnig die Stadt die Staatsbadübernahme betrieben hat. Witzel berichtete im Juni 2007, dass es erst durch die Einstellung eines Finanzexperten gelungen sei, *„sich einen Überblick über die tatsächliche Lage zu verschaffen. "* (WZ 1.11.2007) Das bedeutet, dass die Staatsbadübernahme im Blindflug ohne die notwendige Due-Diligence-Risikoprüfung erfolgte, wie sie bei Firmenübernahmen üblich ist. Note 5 für diese Schlampigkeit.

Einmal quergedacht: Was wäre gewesen, wenn sich Bad Nauheim der Übernahme verweigert hätte? Die Politik argumentierte damals mit dem Verfall der Kurgebäude als Folge der Untätigkeit des Landes. Heute, 10 Jahre später, bietet sich dem Betrachter kein besseres Bild als damals. So gesehen, hätte man es darauf ankommen lassen können.

Investor gesucht

Seit 2012 hätten sich die Kurstädter an dem im neuen Glanz erstrahlenden Sprudelhof erfreuen können, wenn alles so gekommen wäre wie 2007 geplant. Bürgermeister Witzel kündigte eine enge Verzahnung zwischen der neuen Therme und dem Sprudelhof mit den Badehäusern 2 und 3 an, um ein umfassendes Wellness- und Gesundheitsangebot bieten zu können. Das neue Hallenbad solle von einem privaten Investor gebaut und betrieben werden. Damit wich man von den Vorstellungen der Theater- und Jugendstilfreunde ab, die eine breite Investmentplattform unter Einbeziehung von Bürgern, Vereinen, Stadt, Land und Kleinunternehmern forderten. Für 2009 wurde der Vertragsabschluss mit dem Investor anvisiert, so dass die Therme nach der Landesgartenschau 2010 den Betrieb hätte aufnehmen könne. Im Sprudelhof sollte ein „Zentrum der Gesundheit" entstehen. Baubeginn 2010, Eröffnung 2013. *„Nach unseren Vorstellungen soll die Stiftung die Unterhaltung des Sprudelhofs nach 2013 aus eigenen Mitteln bezahlen können"*, betonte Erststadtrat (Kämmerer) Häuser (WZ 16.11.2007). Bis 2013 wurden die Betriebskosten in Höhe von 1,8 Millionen vom Land finanziert.

11/2007 - Neue Terminnennung
o *Thermeneröffnung 2010 nach der Landesgartenschau*
o *Zentrum der Gesundheit im Sprudelhof,*
  Baubeginn 2010, Eröffnung 2013

50

Nachdem das Stiftungsgerüst aufgestellt war und das Geld bereitstand, kehrte Ruhe in der Stadt ein. Für 2007 überwies das Land 3,2 Millionen Euro zur Deckung des Defizits der Kurbetriebe. Die Zusage des Landes, alle Verluste des früheren Staatsbades bis 2010 zu decken, wirkte wie eine Beruhigungspille. Die Menschen konnten wieder ihre Runden im nun renovierten Thermalbad ziehen.

Allerdings gibt es noch das weiter vorne erwähnte Wellenbad in Bad Nauheim, das zusammen mit der Stadt Friedberg betrieben wird. Es entpuppte sich immer mehr als Verlustbringer. Seit Jahren müssen die beiden Städte zwischen 1 bis 1,3 Millionen Euro p.a. in die Kasse legen. Und die Situation wird nicht besser.

***Jährlicher Verlustausgleich Wellenbad**
o 1,0 – 1,3 Millionen € Bad Nauheim und Friedberg zusammen*

Die Krise nahm Geschwindigkeit auf, aber sie wurde nur von sehr aufmerksamen Zeitungslesern wahrgenommen. Das Interesse verlagerte sich vom Thermalbad weg, hin zum Sprudelhof. Dieses kulturhistorische Kleinod, in dessen Holzwannen Kaiser, Könige, Politiker, berühmte Künstler, Schauspieler und große Schriftsteller badeten, hatte natürlich einen größeren, vor allem emotionaleren Stellenwert als der quadratische Glaskasten daneben.

Die 51 Millionen-Sprudelhofstiftung

Am 18. April 2007 präsentierten der Bürgermeister, sein Kämmerer und der zuständige Staatssekretär der Landesregierung neue Planungen für den Sprudelhof. Man muss den Termin wohl im Zusammenhang mit der Menschenketten-Demonstration sehen, die zwei Tage später stattfand. Der Widerstand sollte abgepuffert werden.

Die Wetterauer-Zeitung berichtete, dass eine öffentliche Stiftung von Stadt und Land geplant sei, die künftig Regie im Sprudelhof führe. Das wirkte zunächst wie Baldrian.

Mitte November 2007 schienen viele Probleme gelöst. Finanzminister Weimar kündigte eine Geldspritze von 51 Millionen Euro für den Sprudelhof an, allerdings nicht direkt in die Stadtkasse, sondern an eine Stiftung, an der sich das Land, der Wetteraukreis und Bad Nauheim mit je zwei Millionen Euro am Stammkapital beteiligten. Am 14. Dezember 2007 wurde der Gründungsvertrag unterzeichnet. Der Staatssekretär des Finanzministers nannte einen Zeitrahmen von fünf Jahren, also bis 2012, für die Komplettsanierung des Sprudelhofes.

12/2007 - Terminnennung zur Komplettsanierung Sprudelhof   o **2008 – 2012**

Dem Theater und den Jugendstilfreunden wurde zugesichert, ihre Interessen zu berücksichtigen. Außerdem solle ein neues Thermalbad nahe am Sprudelhof entstehen. Zwei Badehäuser würden der Therme zugeschlagen. Der Bürgermeister: *„Allein für die Komplettsanierung der historischen Gebäude und eine Therme müssen rund 65 Millionen Euro investiert werden"*, davon 40 Millionen für den Sprudelhof und 25 für das Bad (WZ 20.4.2007). Vom FDP-Landtagsfraktionschef Uwe Hahn war zu erfahren, dass das Land den Sanierungsaufwand für den Sprudelhof *„unter bestimmten selbst gesetzten Annahmen mit rund 25 Millionen Euro grob geschätzt"* hat (WZ 20.10.2007). Merke: Glaube keiner Kostenschätzung, die nicht von dir selbst kommt.

10/2007 - Kostenschätzung Land Hessen   o **Sanierung Sprudelhof 40 Mio. €**   o **Neubau Therme 25 Mio. €**   **Kostenschätzung Gutachter Dr. Krieger und Architekten**   o **Neubau Therme mit integrierter Sauna 22,6 Mio. € netto**

Zusätzlich zur „Öffentlichen Stiftung Sprudelhof" kündigte Bürgermeister Witzel die Gründung einer Förderstiftung an, die beratend und unterstützend tätig werden solle und mit Zuschüssen Verluste aus den Kultureinrichtungen im Sprudelhof ausgleichen werde. Typisch Witzel: Schnell gesagt, nicht durchdacht. Diese Stiftung kam nie zustande.

Am 13. Dezember 2007 wurde der Stiftungsvertrag unterzeichnet. Der Jubel war groß. Nun endlich bekäme der Sprudelhof wieder seinen alten Glanz. CDU: *„Superergebnis"*; FDP: *„Ein großes Werk"*; FW/UWG: *„Kann sich wahrlich sehen lassen."* Hier wurden Vorschusslorbeeren verteilt. Heute, 2017, wissen wir es besser.

Das Jahr 2008

- Wellness + Müll = Kur- und Service GmbH
- Neue Saunalandschaft
- 50 + 50 Millionen = 100 Millionen Euro

Wellness + Müll = Kur- und Service GmbH

Das Jahr 2008 verlief im Vergleich zu den Vorjahren ruhig. In den zwölf Monaten des Jahres wurden Weichenstellungen vorgenommen, die sich aus der Kommunalisierung des Staatsbades 2005 ergeben hatten.

Zunächst ging es um die Frage einer passenden Betriebsform für die Zusammenlegung von Stadtmarketing, Bauhof und Kurbetriebe unter Einbeziehung des Fachbereiches Sport und Kultur. Abstimmungsprobleme und der hohe Zuschuss an die Stadtmarketing GmbH erforderten neue Organisationskonzepte. Für dieses Unternehmen musste ein neuer Geschäftsführer gefunden werden. Außerdem rückte die Landesgartenschau 2010 näher. Die Dinge gerieten in Fluss.

Die Sprudelhofstiftung bekam eine Satzung. Bad Nauheim hatte Änderungswünsche zur Organbesetzung angemeldet und ihr dann zugestimmt. Der Theaterverein monierte die mangelnde Berücksichtigung kultureller Interessen im Nutzungskonzept des Sprudelhofes. Deshalb gab es Bedenken gegen die Rechtsform einer GmbH für den angedachten Betrieb (WZ 17.3.2008).

Im Oktober wurde die Fusion von Kurbetrieb und Baubetriebshof vollzogen. Die neue „Kur- und Servicebetrieb GmbH" war nunmehr für die Unterhaltung der Therme, der Kur- und Erholungseinrichtungen sowie für die Abfallbewirtschaftung und die Straßenreinigung zuständig. Sie solle die Abläufe besser organisieren und weiter daran arbeiten, „Altlasten" aus der Staatsbadära abzubauen, hieß es von offizieller Seite. Eine grundlegende Neuordnung, über die man noch zu Beginn des Jahres nachgedacht hatte, erfolgte nicht. Darüber wolle man nach der Landesgartenschau 2010 entscheiden (WZ 23.10.2008). Die Anfrage an die Erststadträtin (Kämmerin), ob es diese Neuordnung gab, wurde nicht beantwortet.

Für diese recht einfache Umstrukturierung wurde ein teures Gutachten in Auftrag gegeben. Die Beratersucht schlug erneut durch. In einem Unternehmen wäre eine interne Projektgruppe eingesetzt

56

worden, die das Thema bearbeitet und Lösungsvorschläge gemacht hätte. Kluge Manager wissen, dass man die billigsten und besten Berater im eigenen Unternehmen hat. Organisationsangehörige kennen Organisation und die Probleme. In Bad Nauheim sind die betroffenen Einheiten, Stadtmarketing, Fachbereich Kultur und Sport, Bauhof und Kurbetriebe überschaubar. Von steuerlichen Aspekten abgesehen, war das der Idealfall des Veränderungs-Managements, nämlich Betroffene zu Beteiligten zu machen. Oder sind die städtischen Mitarbeiter unfähig, organisatorische Lösungen selbstständig zu erarbeiten?

Die Einsichtnahme in das hier erwähnte Gutachten wurde mir nicht ermöglicht.

In einer Leserbriefsalve des ehemaligen Geschäftsführers der Bad Nauheimer Stadtmarketing GmbH brandmarkte dieser 2016 die Zusammenlegung von Therme und Kur mit Müllbeseitigung und Straßenreinigung als großen Fehler und forderte die Revision des Beschlusses aus dem Jahre 2008. Ich stimme ihm zu.

Neue Saunalandschaft

Im November gab es in der Therme ein besonderes Extra. Erstmals wurde eine „Liquid Sound-Nacht" veranstaltet. Konzerte waren unter und über Wasser zu hören. „Aqua-Bodyworkerinnen" animierten zu Bewegungsübungen. Bis spät in die Nacht gab es literarische Lesungen. Auch das Kurorchester war mit von der Partie (WZ 13.11.2008). Von jetzt an hingen zwei große Leinwände in der Schwimmhalle, auf denen schöne Bildmotive in kurzen Abständen abwechselnd erschienen. Das neue Make-up verdeckte die tiefer liegenden Probleme.

Einen Monat später wurde die renovierte und erweiterte Saunalandschaft eröffnet. Rund 300.000 Euro waren in diesen Bereich der Therme geflossen. Nun würde die Kurstadt mit ihrem gesunden Solewasser den Konkurrenten wie der Taunus-Therme in Bad Homburg in nichts mehr nachstehen, meinte Bürgermeister Witzel bei der Eröffnung. Ich bin fast sicher, dass er noch nie in der Taunus-Therme war, denn dann hätte er diese Einschätzung zurückhaltender formuliert (WZ 23.12.2008).

50 + 50 Millionen = 100 Millionen

Ebenfalls im Dezember wurden die personellen Weichen gestellt. Ein Mitarbeiter der landeseigenen Hessischen Immobilien GmbH wurde zunächst als kommissarischer Geschäftsführer der Sprudelhof-Stiftung bestellt. Über seine Aufgabe schrieb die Wetterauer Zeitung, dass er zwischen 2010 und 2013 die Renovierung des Sprudelhofes koordinieren werde. Dafür lagen nunmehr 50 Millionen Euro bereit. Zugleich wurde ein Kuratorium installiert, dessen Vorsitz der Landtagspräsident und Wetterauer CDU-Politpate Kartmann übernahm. Bürgermeister Witzel erklärte, dass die Bevölkerung durch die Einbeziehung der Koordinierungsgruppe Sprudelhof (Theater, Jugendstilfreunde, Museumsverein und Agenda 21) und eines Stiftungsbeirats an allen Schritten des Kuratoriums beteiligt sei. Gut gedacht, wenn dieses Kuratorium getagt und die Beiratsmitglieder nicht nur Informationen zu Beschlüssen des Vorstandes empfangen hätten. Witzel war mit flotten Sprüchen immer schnell zur Hand. So auch mit dem Fertigstellungstermin der neuen Therme: 2013.

> *11/2008 - Neue Terminnennungen*
> o *Baubeginn 2010*
> o *Thermeneröffnung 2013*

Leider müsse das Theater aus dem Badehaus 2 ausziehen, da dieses für das Wellnessangebot der neuen Therme benötigt werde. Als Ausweichort brachte er ein stilvolles Gebäude ins Gespräch, das früher als Balneologisches Institut der Universität Gießen diente. Der Bürgermeister betonte nochmals die gewaltigen Dimensionen des Projekts: *„Für Restaurierung, Erhalt und Verwaltung der Jugendstilanlage stellt die Landesregierung in den kommenden Jahren mehr als 50 Millionen Euro bereit. Weitere 50 bis 60 Millionen werden für eine neue Therme und ein Hotel veranschlagt."* (WZ

5.12.2008) Wow, eine Finanzmasse von über 100 Millionen! Das macht verständlich, warum die Verantwortlichen vom „größten Investitionsprojekt der Kurstadt-Geschichte sprachen.

Das Jahr 2009

- Wellness-Hotel adieu
- Forderungen der Kulturszene
- Gutachten oder „Schlechtachten"?

Wellness-Hotel adieu

Ende Februar 2009 meldete die Wetterauer Zeitung, dass das sogenannte Markterkundungsverfahren abgeschlossen sei. Hierbei handelt es sich um eine gesetzlich vorgeschriebene Maßnahme für öffentliche Auftraggeber, den in Betracht kommenden Bewerberkreis zu erkunden, sofern die Kommune keine ausreichende Marktübersicht hat.

Neun Anbieter hätten Konzepte für das Ensemble Sprudelhof/Therme/Hotel eingereicht, aber nur einer erhielt eine Eintrittskarte in den städtischen Entscheiderkreis. Ein Architekturbüro aus Velbert, Dr. Krieger und Ingenieure, hatte zusammen mit der Gesellschaft für Management von Freizeitsystemen in Neuwied, eine Planung eingereicht, die von den Entscheidern als präsentabel beurteilt wurde. Das war aber keinesfalls als Vorabentscheidung zu verstehen. Die entscheidende Frage lautete: Ist der Investor bereit 50 bis 60 Millionen Euro in die Hand zu nehmen, um Therme und Hotel zu errichten und beides zu betreiben?

Nach dieser Markterkundungsrunde war klargeworden, dass das angedachte Vier-Sterne-Plus-Hotel auf dem Gelände der Alttherme aus Denkmalschutzgründen nicht realisierbar sei. Als Alternative empfahlen die Architekten das Parkdeck neben dem Sprudelhof. Für das Theater schlugen auch sie das stilvoll gewinkelte Balneologische Institut vor. Da dieses Gebäude nicht zum Sprudelhof gehört, müsse die Stadt die Planungs- und Ausschreibungskosten allein tragen (WZ 26.2.2009).

3/2009 - Gutachterschätzung
o *Thermenneubau 30 Mio. €*
o *Notwendiger städtischer Zuschuss 0,6 bis 3 Mio. €*

Ohne Moos nichts los: Für die neue Therme veranschlagten die auf Platz eins stehenden Anbieter etwa 30 Millionen Euro. Nicht teuer für die von der Politik gewünschte Ausstrahlungskraft des

Leuchtturms Bad Nauheim. Außerdem, es ist ja der Investor, der zahlt. Alle interessierten Investoren, auch die nicht gelisteten, gingen, je nach Planung, von städtischen Zuschüssen, zwischen 600.000 und drei Millionen Euro aus. Eine risikobehaftete Unbekannte sei die wahrscheinlich notwendig werdende kommunale Bürgschaft für den Investor. Aber grundsätzlich, so war zu hören, sei das Mammutprojekt machbar. Der Erststadtrat (Kämmerer) betonte nochmals die genannten Termine: Baubeginn 2010, Fertigstellung 2013 (WZ 19.3.2009).

Forderungen der Kulturszene

Am 14. März fand die jährliche Bürgerinformationsveranstaltung zum Thema Sprudelhof/Therme im Sportlerheim statt. Bürgermeister Witzel sorgte, wie so oft, durch heftige Wortgefechte für „gute" Stimmung. Auf dieser Veranstaltung wurde über die eingereichten Architektenentwürfe berichtet. Na klar, man fand das Haar in der Suppe. Das ist ja auch der tiefere Sinn solcher Veranstaltungen. Die Theaterfreunde bemängelten, dass die für die Kultur vorgesehenen Bereiche nicht ansprechend seien und forderten einen Schmuckhof. Einen solchen beanspruchte auch der Jugendstilverein. Hinweis für Ortsfremde: Schmuckhöfe sind innenliegende, reichlich mit Jugendstilornamenten und Blumen ausgestattete Freiflächen, die früher der vertiefenden Entspannung nach Kuranwendungen dienten (WZ 20.3.2009).

Gutachten oder „Schlechtachten"?

Ende August 2009 wurde Zwischenbilanz gezogen. Die Wetterauer Zeitung schrieb, dass die tollen Pläne vom Wellness- und Gesundheitszentrum immer mehr ins Wanken gerieten. Zwei Wirtschaftlichkeitsgutachten lagen auf dem Tisch. „Schlechtachten" wäre der treffendere Ausdruck gewesen. Der Grund: In diesen Gutachten wurde eine beängstigende Zahl zum notwendigen Verlustausgleich durch die Stadt genannt. 2,3 Millionen Euro pro Jahr! Aber immerhin gäbe es einen Besucheranstieg von 200.000 auf 330.000 pro Jahr. Das Thema „Mega-Therme Bad Vilbel" existierte noch nicht.

> **Die Einsichtnahme in das hier erwähnte Gutachten wurde mir nicht ermöglicht.**

Die Gutachter empfahlen einen Neubau, für den man 25,6 Millionen Euro ohne Abrisskosten der Alttherme und notwendige Grundstückskäufe veranschlagte. Auch nach 15 Jahren wäre noch keine Kostendeckung erreicht und danach wären noch immer 1,2 Millionen Euro pro Jahr zu berappen. Würde man statt eines Neubaus die Alttherme sanieren, käme man auf 19 Millionen Euro. Stadtoberhaupt Witzel hierzu: *„Ginge es nach diesen Analysen, könnten wir die Akte schließen."* Sein Kämmerer äußerte Zweifel an der Stichhaltigkeit des Gutachtens: *„Neue Thermen, die in anderen Städten betrieben werden, wurden bei der Bewertung nicht berücksichtigt."*

> **8/2009 - Gutachterschätzung**
> o **Thermenneubau 25,6 Mio. €**
> o **Notwendiger städtischer Zuschuss 2, 3 Mio. € p.a.**

Ein großes Fragezeichnen stand nun im politischen Raum. Man wollte nicht aufgeben, sondern die Suche nach einem Investor verstärken, einem, der der Stadt die Probleme und das Risiko nehmen sollte. Der angedachte städtische Zuschuss wurde von 600.000 auf eine Million Euro angehoben. Ein wahrlich großer Köder, aber war er auch schmackhafter?

> **8/2009 - Verlustausgleich für den Investor:**
> o **2006 – 0,6 Mio. € p.a.**
> o **2010 – 1,0 Mio. € p.a.**

Unter dem Eindruck der Zahlen änderte der Erststadtrat (Kämmerer) Häuser nun plötzlich seine Meinung. Notfalls müsse die alte Therme saniert werden, meinte er nun. Wow! 2006 propagierte er vehement Neubau statt Sanierung. Eine Sanierung käme teurer, meinte er damals (WZ 24.8.2009).

Der Blick auf den Haushalt 2010 trübte die Aussichten auf die Thermenzukunft noch mehr ein. Im Etat 2010 war ein Verlustausgleich von 1,66 Millionen Euro für die Landesgartenschau veranschlagt. Zeitgleich fiel auch der Landeszuschuss für den ehemaligen Kurbetrieb weg. Der Erste Stadtrat/Kämmerer sprach von einer „unverschuldeten finanziellen Notlage". Unverschuldet? Wer wollte denn unbedingt die Landesgartenschau? (WZ 23.9.2009). Am 30.3.2015 bestätigte Häuser, dass sich die Schulden wegen der Landesgartenschau verdoppelt hätten. *„Darauf habe ich vorher immer hingewiesen"*, betonte er (WZ 30.3.2015). Der Autor dieses Buches auch, aber als Prognose schon 2005, also lange vor der Landesgartenschau.

Das Jahr 2010

- Funkstille im Sprudelhof
- Neubau oder Sanierung? Es kommt darauf an.
- Landesgartenschau
- „Riesenschritte" und „Meilensteine"
- Ein Klar- und Weitblicker: Dr. med. H. J. Simon

Funkstille im Sprudelhof

Im Januar 2010 wurde erstmals der Stillstand der beschlossenen Sanierung und Nutzung beklagt. Am 2. Juni überschrieb die Wetterauer Zeitung den Hauptartikel auf ihrer Lokalseite mit „Im Sprudelhof herrscht Funkstille". Insbesondere SPD und UWG kritisierten das Schneckentempo, mit dem der Sprudelhof revitalisiert werde. Sitzungen würden abgesagt, Anfragen blieben unbeantwortet, es gäbe keine Geschäftsberichte und die Kellerheizung lief über Monate Tag und Nacht. Der Vorsitzende des Stiftungskuratoriums, CDU-Landtagspräsident Kartmann, hatte offensichtlich andere Sorgen als sich um Bad Nauheim zu kümmern. Das ausführliche Konzept der Theater- und Jugendstilfreunde, 2007 noch als wertvolle Konzeptgrundlage von der Politik hochgelobt, schien erledigt oder wurde schlichtweg ignoriert (WZ 2.6.2010).

Die Wogen schlugen hoch als Bürgermeister Witzel und seine parlamentarische Anhängerschaft für das Theater einen neuen Standort vorschlugen. Ein leerstehender Gastronomiebetrieb mit Kegelbahn, das sogenannte „Sportlerheim", wurde als Theatersaal empfohlen. Das war so gar nicht nach dem Geschmack der Theaterfreunde. Witzels Informationspolitik brachte das Fass zum Überlaufen. Er hatte Magistratsmitgliedern verboten, Statements abzugeben, nur damit er sie selbst abgeben konnte. Ein offizieller CDU-Sprecher warf ihm Profilierungssucht und einen *„unbändigen Drang nach Selbstdarstellung"* vor. Mit einem Mann, der die von ihm oft beschworene kollegiale Zusammenarbeit betont, diese selbst aber mit den Füssen tritt, sei keine vertrauensvolle Zusammenarbeit mehr möglich (WZ 14.5.2010).

Neubau oder Sanierung? Es kommt darauf an

Ein weiteres Wirtschaftlichkeitsgutachten lag vor. Stadt und Stiftung hatten striktes Stillschweigen angeordnet. Von der vollmundig versprochenen Transparenz und Bürgerbeteiligung war nichts zu spüren. Ein versprochenes Nutzungskonzept für den Sprudelhof ließ auf sich warten. Der Erststadtrat (Kämmerer) gab kleinlaut zu, es sei noch kein Investor für Therme und Hotel gefunden. Er brachte die Idee einer unechten Public-private-Partnership in die Diskussion. Hier tritt an die Stelle des privaten Investors ein stadteigenes Unternehmen, beispielsweise die Stadtwerke. Aber vorerst wurde die Investorensuche beerdigt.

Die Einsichtnahme in das hier erwähnte Gutachten wurde mir nicht ermöglicht.

Erstmals sprach der Erststadtrat (Kämmerer) von der Möglichkeit einer „kleinen Therme". Das würde dem Alleinstellungsmerkmal nicht schaden. „Alleinstellungsmerkmal", dieser Begriff wurde arg strapaziert, wobei wohl keiner der Verantwortlichen wusste, dass im Marketing etwas mehr zu diesem Begriff gehört als kohlensäurehaltiges Wasser. Aber es klingt sachverständig, wenn man in die betriebswirtschaftliche Begriffskiste greift. „Kleine Therme" klingt wesentlich bescheidener als „Wellness- und Erlebniswasserlandschaft" mit Bad Nauheim als „Herzstück der Region" aus dem Jahr 2006. Es schien als würde sich die Politik langsam dem Boden der Tatsachen nähern. Nochmals bekräftigte der Erststadtrat (Kämmerer), dass ein Thermenneubau zwar das Beste für die Stadt sei, obwohl er jetzt auf die Idee der Sanierung übersprang (WZ 14.1.2010).

Als er sich im Juni der Öffentlichkeit als Bürgermeisterkandidat der CDU vorstellte, präzisierte er seine Vorstellungen zum Thema Therme: *„Wir sollten uns auf den Neubau der Therme konzentrieren."* Sei dieser Neubau nicht zu finanzieren, müsse das alte Thermalbad umfassend saniert werden. Dieser Linie blieb er grundsätzlich treu. Allerdings hätte er als Kämmerer schon damals wissen können, dass ein Neubau nicht finanzierbar war, vielleicht nicht einmal die Sanierung. Sein Wahlkampf-Motto lautete *„Miteinander füreinander, verbinden statt zu trennen, zusammenführen statt zu spalten, anerkennen statt abzuwerten"* (WZ 29.6.2010). Klingt gut, hat aber nicht funktioniert, wie sein „Liebesverhältnis" zum (Noch-)Bürgermeister Witzel zeigte.

Landesgartenschau

Von Frühjahr bis Herbst 2010 fand in Bad Nauheim, gleich hinter den Bahngleisen die Landesgartenschau statt. Ein Wald wurde gerodet und zum Park umgewandelt. Hunderttausende spazierten durch die Ausstellungsgebäude, die Blumenbeete und angelegten Grünflächen. Auch außerhalb des Ausstellungsgeländes schmückte sich die Stadt mit Blumen. An Laternenpfählen hingen Kränze mit vielerlei buntem Blumenschmuck. Die Schau war der Lohn für die Zustimmung der Stadt zum Kommunalisierungsvertrag des Jahres 2005. Bad Nauheim war für fünf Monate das vom Rathauschef angestrebte „Herzstück der ganzen Region". Bürgermeister Witzel eilte von einem Medientermin zum nächsten. Die Themen Sprudelhof und Therme gerieten ins Hintertreffen. Blumen und Pflanzen lenkten die Aufmerksamkeit auf sich. Schönheit und Duft der Blumen wirkten ebenso verlockend wie der Käse in der Mäusefalle. Eine hochverschuldete Stadt hatte sich in die vom Land Hessen aufgestellte Falle locken lassen. Und sind die Schulden erst explodiert, lebt es sich ganz ungeniert. Schon bei seiner Amtseinführung 2005 kündigte Bürgermeister Witzel eine weitere Verschuldung der Stadt an, um zu investieren und konkurrenzfähig zu werden. Immerhin stellte die Fraktionsvorsitzende der Grünen und spätere Erststadtverordnete (Kämmerin) jetzt die Frage, ob sich die Stadt zwei Bäder leisten könne.

„Riesenschritte" und „Meilensteine"

Das Thema Hotel kam nun endgültig zu den Akten. Die Consultants des zuletzt vorgelegten Gutachtens kamen auf 13,5 Millionen Euro Baukosten. Ohne kommunale Fördermittel würde sich kein Investor für das Thema interessieren, meinten die Gutachter. Bürgermeister Witzel hielt dagegen, dass er jemanden an der Angel habe, so dass alles bei vertretbaren Zuwendungen realisierbar sei. Der angedachte Zuschuss für den Investor war schon 2009 von 600.000 auf eine Million Euro angehoben worden. Witzels Optimismus schlug in Traumtänzerei um.

Um den Investor schnell zu gewinnen, wurde das Vergabeverfahren von den Stadtverordneten Anfang September 2010 einstimmig beschlossen. Mit diesem Beschluss war die Stadt einen „Riesenschritt" weitergekommen, so Bürgermeister Witzel. Dann ging es aber im Schneckentempo weiter. Sein Erststadtrat (Kämmerer) sprach von einem „Meilenstein", bei dem es sich wohl eher um einen Kieselstein handelte. Als Baubeginn für die neue Therme wurde 2012 benannt. Die Gutachter bekamen 70.000 Euro für ihre unerfreulichen Einschätzungen.

Der Kommentator der Wetterauer-Zeitung mochte sich der Begeisterung nicht anschließen. Er meinte, die Parlamentarier hätten wichtige Entscheidungsvorlagen nicht durchgearbeitet und mit geschlossenen Augen zugestimmt. Über die entscheidende Frage, ob sich die chronisch klamme Stadt die geplante Sprudelhof-Revitalisierung überhaupt leisten kann, wurde gar nicht ernsthaft diskutiert (siehe nachstehender Kommentar).

Klar- und Weitblicker: Dr. med. H. J. Simon

Nur einer aus der Riege der 45 städtischen „Stadtverordner" wagte es, sich dem jetzt eingeschlagenen Kurs zu widersetzen. Das war der früh verstorbene Diplom-Kaufmann und gleichzeitige Arzt Dr. med. Hans-Joachim Simon von der SPD. Der Mann hatte als Mitarbeiter der Krankenkassen jahrelang die Abrechnungsbetrügereien von Ärzten aufgedeckt. Er sprach ganz nüchtern aus, was vielen schon dämmerte: Eine Stadt mit 30.000 Einwohnern kann sich keine zwei Hallenbäder leisten. Zugleich machte er darauf aufmerksam, dass die Stadt doppelgleisig fahre, denn auch im Wellenbad sei in Sauna und Wellness investiert worden. Außerdem hatte er Zweifel, ob die Kommunalaufsicht in Anbetracht der Stadtschulden das Projekt genehmigen würde. Sein Vorschlag, der später von der FDP wiederholt wurde, lautete: Erweiterung des vorhandenen Wellenbades um ein Solewasser-Schwimmbecken.

Kommentar Wetterauer Zeitung, 2.9.2010

Augen zu und durch

Das Wort ‚Meilenstein" wurde am Dienstagabend mehrfach in den Mund genommen. Gemeint war die Einleitung des Vergabeverfahrens für das Jahrhundert-Projekt Therme- und Hotelneubau unter Einbindung des Sprudelhofs. Die Mehrheit des Parlaments glaubt, mit dem Beschluß einen großen Schritt weitergekommen zu sein. Über die entscheidende Frage wurde allerdings gar nicht ernsthaft diskutiert: Kann sich die chronisch klamme Stadt die geplante Sprudelhof-Revitalisierung überhaupt leisten? Für den Zuhörer war es erstaunlich, wie absurd die Debatte verlief. Denn kaum ein Redner ging näher auf die Ergebnisse der Gutachten ein, die von Land und Stadt für 70000 Euro in Auftrag gegeben worden waren, um zu klären, ob ein wirtschaftlicher Betrieb von Thermalbad und Hotel möglich ist...

Die Weigerung der meisten Politiker über die Expertise des Gutachter-Büros aus Hamburg zu diskutieren, hat zwei Gründe. Ein Teil der Mandatsträger hat das umfangreiche Papier schlicht nicht durchgearbeitet, ein anderer Teil handelt nach dem Motto: „Augen zu und durch."

...

Zwei Gewinner stehen bereits fest: Die Gutachter und der von der Stadt beauftragte Rechtsberater. Die Verfahrenskosten belaufen sich auf einen sechsstelligen Betrag, den diese Büros kassieren.

Bernd Klühs

Mein Namensvetter war kein einfacher Mann, aber ein kluger. In seiner Kommunikation verhielt er sich oftmals ungeschickt. Das machte ihn unbeliebt. Kämmerer Häuser sagte später, dass er mit jedem in der Stadt reden würde, nur nicht mit Dr. Hans-Joachim Simon. Damit gestand er seine mangelnde Kommunikations- und

Konfliktfähigkeit ein. War nichts mit „miteinander - füreinander", seinem Wahlmotto. Auch die SPD wollte nichts mehr mit Dr. Simon zu tun haben und setzte ein Ausschlussverfahren in Gang. Er stellte zu viele unangenehme Fragen. So war es mir schon 1972 mit der SPD ergangen. Die Genossen in Kiel erklärten meine Mitgliedschaft im Sozialistischen Deutschen Studentenbund (SDS) als unvereinbar mit der Zugehörigkeit zur SPD. Gesucht wurden stromlinienförmige Ja-Sager der politischen Mitte.

Das Jahr 2011

- Der Kommunalwahlkampf
- Norbert Kartmann (CDU) stellt klar
- Schwarz-Grüne Koalition

Der Kommunalwahlkampf

2011 war das Parlament neu zu besetzen. Vieles von dem, was getan und gesagt wurde, muss man im Zusammenhang mit dem Wahlkampf sehen. Es ging um Bilder und Presseberichte zwecks Wählerbeeinflussung. Als Beispiel erwähne ich das Treffen des Landrates Gnadl (SPD) mit dem SPD-Bürgermeisterkandidaten im März, bei dem er solche und ähnliche Floskeln von sich gab: *„Bei der Revitalisierung des Sprudelhofes muss dessen Wert als Denkmal und Jugendstilensemble besonders beachtet werden."* (WZ 17.3.2011) Was für eine schwergewichtige Aussage! Aber man weiß ja, Wahlkämpfe sind organisierte Versprechen, die von der Politik später als Versprecher hingestellt werden.

Auch die Piratenpartei musste sich dem Wähler andienen. Deren Kandidat schlug die Eröffnung einer Spielbank im Sprudelhof vor. Er machte diesen Vorschlag im März auf einer Versammlung, die sich „Sonntagsgespräch" nennt. Thema: Sprudelhof. Soweit hier die Therme angesprochen wurde, gab es viel Ablehnung, bekräftigt mit dem Urteil „Geldverschwendung".

Um das Thermenprojekt voranzutreiben, vereinbarten Bad Nauheim und Bad Kissingen eine „enge Zusammenarbeit" und „einen intensiven Erfahrungsaustausch" (WZ 22.2.2011). Eine Delegation aus Bad Nauheim solle in Kürze das bayerische Staatsbad besuchen, um insbesondere über das Projekt neue Therme zu sprechen. In der Presse wurde nie wieder über die intensive Zusammenarbeit berichtet. Auf meine Anfrage, was aus diesem Projekt geworden sei, gab es keine Antwort. Wieder ein Fall politischer Sprücheklopferei.

Mit Blick auf die Kommunalwahl befragte die Wetterauer Zeitung im März 2011 die Spitzenkandidaten nach ihren Vorstellungen. Hier die Antworten:

o *Sanierung oder Neubau?* Bis auf die FDP sprachen sich alle Gruppierungen für einen Neubau aus.
o *Beurteilung der Arbeit der Sprudelhofstiftung:* Alle negativ, nur CDU = positiv.

o   *Kombination Therme mit Wellenbad:* Liste „Politik anders"
    und 3 B = positiv. Grüne = erwägenswert
o   *Verbindung Badehäuser 2 und 3 mit Therme:* Grüne und SPD
    = negativ; CDU und UWG = dafür
o   *Theater: SPD* = Verbleib im Badehaus 2
o   *Anbindung der Therme an den Sprudelhof:* UWG und CDU =
    dafür

Alle Parteiensprecher sprachen sich dafür aus, die Vorschläge der Koordinierungsgruppe Sprudelhof (Theater, Jugendstilfreunde, Museumsverein und Agenda 21) zur Grundlage weiterer Überlegungen zu machen. Sie wiesen sorgenvoll auf das Datum 2018 hin, dem Jahr, in dem der Defizitausgleich durch das Land Hessen ausläuft. *„Wenn nicht bald entscheidende Fortschritte erzielt werden, geht"s schief"*, prognostizierte die grüne Fraktionschefin und spätere Erststadträtin (Kämmerin). Ein unwirtschaftlich arbeitender Sprudelhof würde dann in das Eigentum des Landes zurückfallen (WZ 22.3.2011).

Norbert Kartmann (CDU) stellt klar

Die ausbleibenden Fortschritte der Sprudelhof- und Thermensanierung wurden seitens der FW/UWG der Sprudelhofstiftung angelastet. Diesen Vorwurf, der sich implizit gegen die CDU-Landesregierung richtete, wies die CDU energisch zurück. Na klar, die eigene Sippschaft ist zu schützen, denn Sprudelhofstiftung und CDU sind miteinander verwoben. Landtagspräsident Kartmann (CDU), zugleich Vorsitzender der Sprudelhofstiftung, machte deutlich, dass zunächst die Stadt ihre Hausaufgaben machen müsse. Erst wenn diese Klarheit über den Thermenneubau und die Anbindung der Badehäuser 2 und 3 habe, könne ein umfassendes Konzept für den Sprudelhof entwickelt werden. Ohne eine klare Ansage zur angedachten Nutzung der Geothermie als Energiequelle könne keine Sanierung der unterirdischen Anlagen erfolgen. *„Wir können keine Gebäude sanieren, ohne zu wissen, wie die spä-*

tere Nutzung aussieht", erklärte der Geschäftsführer der Sprudel-hofstiftung. Die zugesagten 50 Millionen Euro blieben vorerst auf dem Konto (WZ 22.3.2011). Das bedeutete zugleich, dass die Sprudelhofsanierung noch lange aus sich warten lassen könne.

2/2011 - Neue Terminnennung
o *Thermeneröffnung 2014*

Erläuterung der Wetterauer Zeitung 22.3.2011

Als bösartige „Polemik" in Wahlkampfzeiten weist Norbert Kartmann (CDU), Präsident des hessischen Landtags und Vorsitzender des Kuratoriums der Stiftung Sprudelhof, die Kritik von Bad Nauheimer Kommunalpolitikern zurück, die Stiftung arbeite ineffizient und das Land zeige zu wenig Interesse an der Zukunft des Jugend-stilensembles. „Die Landesregierung hat sich vertraglich verpflichtet, 50 Millionen Euro in die Sanierung des Sprudelhofs zu investieren. Wer könne stärkeres Interesse an einem vernünftigen Nutzungskonzept haben als wir. „Das Ziel, bis 2018 eine ›schwarze Null‹ zu schreiben, halte ich für realistisch", sagt Kartmann. Eines machte der Kuratoriumsvorsitzende ganz klar: Die Stiftung müsse kostendeckende Mieten verlangen – einzige Ausnahme sei der Jugendstilverein. Sollen das TAF oder andere Vereine im Sprudelhof ansässig bleiben oder werden, müsse die Stadt notfalls subventionieren. Auch Umbaukosten, die durch einen möglicherweise notwendigen Umzug des Theaters innerhalb des Sprudelhofs anfallen, seien allein Sache der Stadt. Kartmann: „Die Verantwortlichen sollten sich genau überlegen, wie viel Geld sie dafür aufbringen wollen." …

„Die Stadt ist am Zug", meint auch Frank Thielmann, hauptamtlicher Vorstand der Stiftung Sprudelhof. Erst wenn geklärt sei, ob der Neubau einer Therme mit Andockung an die Badehäuser 2 und 3 erfolgt, sei ein Nutzungskonzept spruchreif. „Wir können keine Gebäude sanieren, ohne zu wissen, wie die spätere Nutzung aussieht", betont Thielmann. Das gelte im Wesentlichen auch für die unterirdischen Anlagen. Dort könne die Instandsetzung zudem erst beginnen, wenn spruchreif sei, ob die Geothermie als Energiequelle für den Sprudelhof und die Therme angezapft werden könne. Unabhängig von der späteren Nutzung sei der Brandschutz – und den habe man modernisiert. Derzeit laufe eine Bestandsaufnahme in Sachen Gebäudeschäden, Anfang April starte die Brunnenuntersuchung... (bk)

Die unerfreulichen Nachrichten animierten Bürgermeister Witzel, neun Tage später Erfreuliches zu berichten. Er lud zu einem Pressegespräch ein. Hier verkündete er sein Ziel, jährlich 200.000 Besucher in die Therme und viele „Kurzzeitgesundheitsurlauber", ein vom ihm kreierter Begriff, nach Bad Nauheim zu bringen. Toll, nur leider klappte es nicht. Es gab dann noch typische witzelsche Superlative wie *„Die Therme muss der Leuchtturm der Stadt werden."* Leider darf sie aber nicht höher als der danebenliegende Sprudelhof sein. Er hätte besser von Leuchtboje gesprochen (WZ 31.3.2011).

Die Sauna hatte man trotz der Thermen-Neubaupläne für 500.000 Euro modernisiert. In der Presse wurden 300.000, 400.000 und 500.000 genannt. Viel Geld, wenn man bedenkt, dass die Therme am 31. Dezember 2015 geschlossen wurde. Als den endgültigen Termin für den Thermenneubau nannte Witzel das Jahr 2014, nachdem 2007 und 2010 ergebnislos verstrichen waren. Die Therme würde der Leuchtturm der Stadt werden, frohlockte er nochmals.

3/2011 - Kostennennung Witzel
o Thermensanierung 19 Mio. €
o Thermenneubau mind. 20 Mio. €

Schwarz-Grüne Koalition

Am 27. April 2011 wählten die Kurstädter ein neues Parlament. Mit 35,7 Prozent konnte die CDU ihre Mitbewerber abhängen. Sie hatte nun das Zepter in der Hand. Die Grünen konnten sich dank Fukushima über acht Parlamentssitze (17,3 Prozent) freuen. Zugleich war ein neuer Bürgermeister zu wählen. Der Erste Stadtrat Häuser trat gegen Bürgermeister Witzel an. „Miteinander – füreinander" lautete Häusers Wahlparole, die sich im Laufe der Jahre als „gegeneinander – auseinander" entpuppte. Die Stichwahl endete zwei Wochen später mit einem Erdrutschsieg für den Erststadtrat Häuser: 70,3 zu 29,7 Prozent. Wenige Tage später gaben sich CDU und die Grünen das Ja-Wort für eine Koalition.

Hier wurde keine Liebesheirat geschlossen. Von der Anzahl der Parlamentssitze her war die Koalition für die CDU die einzige Möglichkeit, das Heft in der Hand zu behalten. Ansonsten hätte ein Dreierbündnis CDU - FW/UWG - XY-Partei geschlossen werden müssen. Schwarz-Grün versprach ein leichteres Koalitionshandling als Schwarz-Rot oder Schwarz-Anthrazit (FW/UWG).

Der farblose CDU-Ortsvorsteher entdeckte seine Freude an der Farbe Grün und attestierte den Grünlingen mehr Spirit, Energie und Motivation als anderen Parteien *„Da ist Zug drin."* In enger Abstimmung wollte man auch das Projekt Sprudelhof/Therme realisieren. Daraus wurde bis heute, 2017, nichts (WZ 28.4.2011). Nach der Farbenlehre dominiert Schwarz über Grün, ohne dass eine echte Farbe entsteht. So kam es dann auch. 2016 wurde die Scheidung vollzogen. Es war wohl doch kein „Zug" in den Grünen.

Eine Psychologin mit Berufserfahrungen in der Altenpflege, Britta Nell-Düvel, übernahm das Amt der Erststadträtin (Kämmerin). Sie versprach eine „Neuentwicklung" der Stadt. Wie immer bei solchen Gelegenheiten sollte „Aufbruchsstimmung" entstehen. Davon war in den Jahren ihrer Amtszeit nicht viel zu spüren. Die eigentlich sehr freundliche Frau wurde zu einer gehassten Kommunalpolitikerin. Sie traf viele unpopuläre Entscheidungen. Die CDU hielt sich klugerweise raus, so dass die Erststadträtin (Kämmerin) als Prügelknabe dastand. Alt-Bürgermeister Witzel nannte sie „Rätin-Ahnungslos", hinter der sich der neue Bürgermeister verstecke (WZ 21.3.2014). Daran konnte auch ihr Ehemann nichts ändern, der als grüner Fraktionsvorsitzender seiner Frau zur Seite stand. Geteiltes Leid ist halbes Leid, sagt der Volksmund.

> **4/2011 - Verkündigungen Nell-Düvel nach ihrer Wahl**
> o *Neuentwicklung der Stadt*
> o *Aufbruchsstimmung*

Mit dieser Koalition offenbarten die Ortsgrünen ihren bürgerlich-konservativen Charakter. Das war nicht mehr die Partei, die sich bei ihrer Gründung als Alternative für politische Frischluft anbot. Sie empfahl sich der CDU als Steigbügelhalter und trat an die

80

Stelle der FW/UWG.

Der neue und noch bis September 2017 amtierende Bürgermeister war dem Typ „Modernisierer" mit technokratischem Touch zuzuordnen. Er ist der Typ, den sich viele Mütter als Schwiegersohn wünschen. Man kann ihm eine hohe Intelligenz und Eloquenz bescheinigen, aber manchmal ist es schlauer, so „klug" wie ein Dummer zu sein. Das ist wie im Profifußball, wo Intelligenz eher unerwünscht ist. Ich kann ihn nur durch das beurteilen, was ich las und hörte. Das ging, wie üblich, von sehr gut bis sehr schlecht. In Summe war eher Kritik an seiner Sozialkompetenz wahrzunehmen als an seiner Fach- oder Methodenkompetenz. Für ihn, so mein Empfinden, war Bad Nauheim eher ein Kopfprojekt, während es für Bernd Witzel eine Herzensangelegenheit war, oftmals mit erregungsbedingtem Herzflimmern. Ob ein Politiker gut oder schlecht ist, ist eine Frage der Sichtweise des Beurteilers, des Zeitpunkts oder eines speziellen Themas.

12/2011 - Bürgermeister Häuser
„Der Investor kann mit höchstens einer Million € als Defizitausgleich rechnen."

Das Jahr 2012

- Gute Neuigkeiten
- Die Entscheidung bahnt sich an
- Der Beschluß: Neubau ohne Anbindung
- Kreativ gedacht: Ein unterirdischer Gang

Gute Neuigkeiten

Das Jahr 2012 begann mit erfreulichen Meldungen. In der Therme war spätabends Nacktbaden möglich. Saunafans begrüßten die Idee des Damen-Beauty-Tages. Für Frühschwimmer öffneten sich die Tore schon um sechs Uhr morgens. Zum Badeerlebnis gesellte sich ein Kinoerlebnis. Die Betreibergesellschaft ließ sich so einiges einfallen, um die Besucher wohldosiert zu „bespassen". Es gelang, die 200.000 Besucher-Marke zu knacken. Die Sauna steigerte ihre Besucherzahl um 20 Prozent auf 48.000 Gäste. Das Defizit von 960.000 Euro wurde ab 2010 halbiert, und das, obwohl sich die Energiekosten seit 2005 verdoppelt hatten. Der Leiter der Kurbetriebe konnte ruhig schlafen. Die Erststadträtin (Kämmerin) verkündete, dass die Neubauplanungen sehr intensiv laufen würden. Spätestens Anfang April wolle die Stadtspitze eine Entscheidung verkünden. *„Das wird keine pauschale Vorlage, wir liefern Vorschläge für ein konkretes Projekt"* versprach der Leiter der Kurbetriebe (WZ 22.3.2012). Eine Recherche im Online-Archiv der Wetterauer Zeitung ergab, dass keine Entscheidung verkündet wurde. Die Stadt lies eine diesbezügliche Anfrage unbeantwortet. Es handelte sich offensichtlich wieder um einen Fall politischer Sprücheklopferei.

Die Entscheidung bahnt sich an

In einem Gespräch des Bürgermeisters mit Vertretern des Theatervereins Anfang August sicherte dieser zu, er sehe die Zukunft des Theaters im Sprudelhof. Das war eine Absage an Überlegungen, das Theater in das schon erwähnte Sportlerheim umzusiedeln. *„Wir haben den Eindruck, dass man mit uns fair umgeht"*, erklärten die Repräsentanten der Theatergruppe. Um ihr Theater im Sprudelhof/Badehaus 2 zu behalten, wünschten sie einen Neubau der Therme (17.8.2012) ohne Anbindung an den Sprudelhof.

Noch in derselben Woche fand eine Bürgerversammlung zur Thermenzukunft statt. Erstmals gab es eine klare Aussage. *„Ich* *werde dem Magistrat einen Neubau vorschlagen"*, verkündete der neue Rathauschef. So geschah es dann auch. Magistrat und Ausschüsse stimmten dem Vorschlag einer neuen Therme ohne Anbindung an den Sprudelhof/Badehaus 2 zu. Die FPD votierte für eine Anbindung.

> **2/2012 – Kostennennung aus einem Gutachten der WSP AG**
> o **Thermenneubau 16,9 Mio. € netto ohne Nebenkosten**
> o **Abbruchkosten Alttherme 0,6 Mio. € ohne Nebenkosten**
> o **Thermenspezifischer Ausbau der Badehäuser 2 und 3**
>   **3,4 Mio. € ohne Nebenkosten**

Beschlossen wurde auch, dass der zu suchende Investor mit höchstens 600.000 Euro p.a. bezuschusst wird. 2010 war man schon bei einer Million angelangt. Jetzt wurde gekürzt. Aber ein noch niedrigerer Betrag als 600.000 solle angestrebt werden (WZ 25.8.2012).

> **8/2012 – Diskutierte Zuschussbeträge für den Investor p.a.**
> o **2006 - 0,6 Mio. €**
> o **2010 - 1,0 Mio. €**
> o **2012 - 0,6 Mio. €**

Im August 2012 fand die fast schon zur Institution gewordene Bürgerversammlung statt. Auf dieser Gelegenheit bekräftigte der Bürgermeister seine Zusage an die Theaterfreunde, dass er die Zukunft des Theaters im Sprudelhof/Badehaus sehe.

Auf dieser Versammlung erklärten sich die Parteien laut Wetterauer Zeitung folgendermaßen:

o   FDP: Neubau mit Verbund zum Sprudelhof Badehaus 3 und Teilen von 2.
o   SPD: Neubau ohne Anbindung an den Sprudelhof
o   CDU: noch keine Entscheidung, da noch Beratungsbedarf
o   Grüne: keine klare Aussage
o   UWG: Neubau ohne Verbindung zur Therme
o   3B: Neubau ohne Verbindung zur Therme
    (WZ 20.8.2012)

Der Beschluss: Neubau ohne Anbindung

In der Folgewoche hatte der Haupt- und Finanzausschuss über die Marschrichtung des Magistrats zu entscheiden. Nach nur einer Stunde lag das Ergebnis auf dem Tisch, für die SPD ein Schnellschuss. Die FDP stimmte dagegen, die SPD enthielt sich der Stimme. Man war sich einig, die neue Therme am alten Standort ohne Anbindung an den Sprudelhof zu bauen. Das stand im Gegensatz zur Empfehlung von Gutachtern, die eine Anbindung an den Sprudelhof/Badehaus 2 als wirtschaftlich sinnvollste Variante empfohlen hatten. Ein Hotel könne, müsse aber nicht gebaut werden.

Diese Empfehlung wurde der Stadtverordnetenversammlung am 10. September 2012 zur Entscheidung vorgelegt. Das Gesamtprojekt sollte an einen Investor gehen, der finanziert, baut und betreibt. Er sollte einen Jahreszuschuss von 600.000 Euro erhalten. Geschätzte Baukosten: 19 Millionen Euro. Vertragslaufzeit: 25 Jahre. Bis Herbst 2013 sei der Investor gefunden. Dann könnten die Bagger anrücken (WZ 25.8.2012).

> *8/2012 - Beschluss Magistrat und Hauptausschuss*
> o *Neubau ohne Verbindung zum Sprudelhof*
> o *Baubeginn 2013*
> o *Thermeneröffnung 2015*
> o *Baukosten ca. 19 Mio. €*
> o *Verlustausgleich Investor p.a. 600.00 €*

Das „Hohe Haus", so die Titulierung durch einen ehemaligen Parlamentsvorsteher, folgte im September der Empfehlung des Ausschusses. Nun war alles in trockenen Tüchern. Bis 2015 sollte die neue Therme stehen. Von dem, was jetzt beschlossen wurde, hatten alle Gutachten abgeraten, z.B. folgende:

o 2007: Wirtschaftlichkeitsberechnung für die Sanierung der Alttherme

o 2008: Machbarkeitsstudie für einen Thermenneubau mit Badehausnutzung plus Hotel o 2010: Wirtschaftlichkeitsberechnung für Thermenneubau mit Anbindung an zwei Badehäuser plus Hotel

o 2012: Weitere Wirtschaftlichkeitsstudien; Varianten der Verbindung Therme/Badehäuser

Beschlossen wurde die am wenigsten untersuchte Konstellation, Neubau ohne Anbindung.

Das sei gut so, denn beide Partner, Stadt und Sprudelhofstiftung, könnten nun unabhängig voneinander ohne langwierige Abstimmungsprozesse ihre Entscheidungen treffen, hörte man von den Befürwortern dieses Beschlusses. Eine sogenannte „Ankerlösung" hätte zu viele Unwägbarkeiten enthalten. Genau, es hätte einen Konflikt mit dem Theater gegeben, eine Spielstätte mit 12.500 Besuchern pro Jahr. Die Flut empörter Leserbriefe wollte man sich wohl ersparen. Die Entscheidung des Parlaments war zugleich ein Sieg des Theaters.

Man muss leider feststellen, dass Hundertausende Euros für Gutachten ausgegeben wurden, deren Empfehlungen man jetzt schlichtweg ignorierte. Wofür braucht man Gutachter, wenn man selbst doch klüger ist.

Die Wirtschaftlichkeitsuntersuchungen seien aber insofern sinnvoll gewesen, als dass die Nachteile der Verbindung Therme - Badehäuser sichtbar wurden, so der Bürgermeister.

Mit dieser und ähnlichen Aussagen wollte er die von ihm mitzuverantwortenden exorbitanten Kosten rechtfertigen. Offensichtlich enthielten die hier genannten Gutachten keine Hinweise auf Chancen, sonst wären sie nicht so sanglos und klanglos in der Versenkung verschwunden. Aber sie enthielten wohl auch keine Hinweise auf jene eventuellen Risiken, von denen später ein CDU-Abgeordneter in einem Parlamentsbeitrag sprach.

Komisch, die 2012 abgelehnte Verbindung von Therme und Sprudelhof/Badehaus 2 wurde 2016 mit großer Mehrheit beschlossen. Ein Nachteil mutierte zum Vorteil. Aber dennoch haben solche Gutachten ihren Sinn, denn im Falle eines Projektdesasters kann man die Schuld den Unternehmensberatern zuweisen (WZ 12.9.2012).

Kreativ gedacht: Ein unterirdischer Gang

Im September, zwei Tage vor der Stadtverordnetenversammlung, auf der die Ausschussempfehlung abgesegnet werden sollte, meldeten sich zwei Bad Nauheimer Architekten in der Presse. Ungebeten und unerwartet stellten sie ein Alternativkonzept zur Diskussion.

Im Streit um das Für und Wider der Anbindung der Therme an das Badehaus 2 präsentierten sie das vermeintliche Ei des Kolumbus, einen unterirdischen Gang von der Therme hin zum Sprudelhof, um so die Schönheit des Sprudelhofes zu wahren. So könne man im Bademantel vom Hallenbad in den Sprudelhof/Badehaus 2 gelangen.

Die weiteren Eckpunkte ihres Vorschlages:
o Sanierung der Alttherme samt Technik
o Teilabbrüche und neue Bauteile
o Rundes Außenbecken
o Einbeziehung des Sprudelhofes/Badehaus 3 für Heilberufe
o Einbeziehung des Balneologischen Instituts
o Wellness-Hotel im westlichen Teil des Geländes

Sie schätzten die Gesamtsumme des Bauvorhabens auf 19 Millionen Euro.

Die Herren waren vom Fach, denn sie hatten als Planer und Projektentwickler an Hallenbädern mitgewirkt. Es gab gute Gründe, ihnen zuzuhören.

Das Jahr 2013

- Warten auf den Investor
- Der Wunsch nach der Schokoladenseite
- Endlich: Nutzungskonzept für den Sprudelhof
- Ein wichtiger Mann wird gegangen

Warten auf den Investor

Nachdem 2012 die Weichen Richtung Thermenneubau gestellt waren, konnte der Zug abfahren. Von der Ouvertüre her schien das Jahr 2013 themenreich zu verlaufen. Das Rathaus war auf der Suche nach einem Investor, der die Last des Projekts schultern würde. Eigentlich kein Problem, wie die Rathausspitze in den Vorjahren verkündet hatte. Man glaubte an die Wirkung des Neoliberalismus. Die Politik hatte derweil ein anderes Problem zu lösen, den Widerspruch von Bürgern gegen die Nutzung eines brachliegenden Gewerbegrundstücks, das sogenannte „Stoll-Gelände". Ein Bürgerbegehren gegen die Rathauspläne scheiterte an 70 fehlenden Stimmen.

Wie schon häufiger in den letzten Jahren, wurde die vermeintliche Inaktivität der Sprudelhofstiftung angeprangert. Seit Gründung der Stiftung Sprudelhof seien fünf Jahre ins Land gegangen, so die Kritik. Noch immer werde diskutiert. Ein Nutzungskonzept für den Sprudelhof wurde erneut angemahnt. Die FDP machte sich zum Wortführer der Kritiker. Nochmals erwiderte die Sprudelhof-Stiftung, die Stadt möge zunächst ihre Hausaufgaben machen, indem sie endlich Entscheidungen zum Thermenneubau träfe (WZ 22.2.2013). Man drehte sich im Kreis: Macht ihr, dann können wir. Macht ihr nichts, können wir auch nicht.

Der Wunsch nach der Schokoladenseite

Die Badehäuser des Sprudelhofes sind architektonische Leckerbissen. Wie in der Pralinenschachtel gibt es mehr und weniger schmackhafte Pralinen. Das Badehaus 4 darf man der Kategorie Trüffel zuordnen. Hier taucht man voll in die Jugendstilepoche ein. Es entstanden Begehrlichkeiten. Schon 2009 hatte der Jugendstilverein ein Gebäude mit Freiflächen gefordert. Die aktuelle Forderung lautete: Badehaus 4. Nach Meinung der Jugendstilfreunde sollte hier ein Jugendstilzentrum entstehen, das Publikum aus ganz Deutschland anziehe. Das repräsentative Innere werde ein „Aha-Erlebnis" vermitteln. Ich empfehle: Abwarten und Tee trinken.

90

Das hatte man schon einmal versprochen, als das Rosen-Museum in Bad Nauheim-Steinfurt gebaut wurde. Irgendwann war es finanziell nicht mehr tragbar.

Gleich nebenan steht das Badehaus 2, ein weiteres Juwel im Sprudelhof-Geschmeide. Der Eingangsbereich dient dem Theaterverein als Spielstätte. Das ehemalige und viel geeignetere Jugendstil-Theater mit 720 Sitzplätzen wurde im Rahmen der Privatisierung des Kurhotels einem Hedge-Fonds übertragen. Nun musste man sich mit dem umgestalteten Eingangsbereich des Badehauses 2 begnügen. Der Bürgermeister hätte das Jugendstilzentrum und das Theater im Badehaus 2 gern unter einem Dach vereinigt gehabt, was die Theaterfreunde aber ablehnten. Auch die große Bühne im Eingangsbereich und die zugehängten ornamentreichen Seitenwände sprachen gegen eine gemeinsame Heimstätte beider Organisationen.

Der Bürgermeister erklärte sich mit dem Badehaus 4 als Jugendstilzentrum einverstanden, schränke aber ein, dass die Stadt kein Geld habe, um das Projekt zu unterstützen (WZ 1.2.2013). Darum möge doch bitte die Sprudelhofstiftung die Räume mietfrei zur Verfügung stellen. Das sagte der Kuratoriumsvorsitzende, Norbert Kartmann, am 22.3.2011 zu. Ergänzend erklärte der Bürgermeister, dass die Stadt die Miete für den Theaterverein übernehmen werde (2.3.2013).

Endlich: Nutzungskonzept für den Sprudelhof

Mitte April 2013 präsentierte die Sprudelhofstiftung endlich das angemahnte Nutzungskonzept für Bad Nauheims bedeutendste Sehenswürdigkeit. Die hessische Finanzstaatssekretärin, Prof. Luise Hölscher, zugleich Vorsitzende der Stiftung Sprudelhof, war persönlich zugegen. Vorgestellt wurde ein Mix aus „Medical Wellness", Gesundheitsprävention, Kultur und Gastronomie. Sechs Badehäuser boten sich zur Nutzung an:

Badehaus 2: Theater; Die Stadt zahlt die Miete (Zusage)

Badehaus 3: Jugendstilzentrum; Moderate Miete (Zusage)

Badehaus 4: Medizinische Nutzung (Alternativmedizin)

Badehaus 5: Medizinische Nutzung (Rehabilitation)

Badehaus 6: Kindergarten

Badehaus 7: Medizinische Nutzung (Physiotherapie)

(Hinweis: Badehaus 1wurde in früheren Jahren abgerissen).

Im Jahre 2016 ging der private Kindergarten im Badehaus 6 pleite. Damit dürfte das Nutzungskonzept schon überholt sein.

Die angedachte Nutzung ist nichts Besonderes. Das alles gibt es in Bad Nauheim, nur nicht zentralisiert. Was heißt Alternative Medizin? Hoffentlich nicht noch mehr Quacksalberei wie Quanten-Matrix-Therapie und Reiki. Es gibt schon mehr als genug Heilpraktiker in Bad Nauheim. Weitere Details wurden nicht genannt, um die Verhandlungen mit Interessenten nicht zu stören. *„Für drei Viertel der Flächen haben wir schon konkrete Interessenten"*, so der Geschäftsführer der Sprudelhofstiftung (WZ 16.4.2013).

Das Nutzungskonzept erfüllte eine lang gestellte Forderung. Ob es als Konzept so umgesetzt wird, wage ich zu bezweifeln, aber besser eines, als keines. Zumindest hat man plancrische Grundlagen.

Nachdem dieser Schritt gegangen war, sollte die europaweite Ausschreibung für den Neubau in Richtung potentieller Investoren eingeleitet werden. Ende September 2014 seien die Verhandlungen dann abgeschlossen, so dass der Neubau beginnen könne.

Für den 21. Mai hatte die Stadt zu einem „Bürgerworkshop Therme" eingeladen. Nur etwa 30 Personen folgten dieser Einladung. Workshop? Wie immer, auf dem Podium sitzt das „Präsidium" und die Anwesenden dürfen fragen. Diese erfuhren, dass das Thema Wellnesshotel aus Gründen des Denkmalschutzes endgültig gestorben sei. Um es wirtschaftlich zu betreiben, müsste es mindestens dreigeschossig sein und würde somit den Sprudelhof überragen. Außerdem müsse Parkfläche für mindestens 200 PKW zur Verfügung stehen. Da diese fehle müsse über eine unterirdische Lösung nachgedacht werden, ein gewagtes Vorhaben hier im Quellengebiet. Eine neue Wirtschaftlichkeitsberechnung lag vor, nach der 23 Millionen zu berappen seien. Leider wurde mir diese stadtseitig nicht zur Verfügung gestellt.

> **Frühjahr 2013 - Neue Baukostenberechnung Therme**
> o **23 Mio. €**

Auf diesem „Workshop" trat eine „Bürgerinitiative pro Hölzinger" in Aktion, die sich für die weiter vorne beschriebene Ideenskizze dieses Architekten stark machte. Die Aktivisten, die alsbald wieder von der Bildfläche verschwanden, mussten wiederholt belehrt werden, dass man einem Investor nicht vorschreiben kann, wie sein Investment auszusehen habe, egal wie gut, lieb und nett der Herr Prof. Hölzinger auch sein mag. Der Bürgermeister bekräftigte nochmals sein Credo: *„Ohne Investor geht es nicht".* Er wusste genau, was der Stadt droht, wenn sie das Invest alleine stemmen müsste. Bei dieser Gelegenheit gab er folgende Termine bekannt: Ausschreibung im EU-Amtsblatt ab 28. Juni 2013, Planung bis März 2015, anschließend Abriss. Zwischen April 2015 und September 2016 solle die neue Therme entstehen (WZ 21.5.2013). Gleich anschließend, im Juli, wurden sieben Bohrungen rund um das Grundstück der Therme vorgenommen, um Informationen über das Grundwasser und den Baugrund zu erlangen.

> **5/2013 - Neue Terminnennungen**
> o **Abriss Alttherme 3/2015**
> o **6/2013 Europaweite Ausschreibung**
> o **Bauarbeiten 3/2015 - 9/2016**

Ein wichtiger Mann wird gegangen

Im Oktober berichtete der Bürgermeister der Stadtverordneten-versammlung, dass der Leiter der Kur- und Servicebetriebe ausgeschieden sei. Es handelte sich um den klassischen Fall einer Freistellung, betitelt mit „im gegenseitigen Einvernehmen". Nun kann dieser Betriebsteil der Stadt *„ wieder in ruhigeres Fahrwasser kommen",* meinte er. Das war eine Anspielung auf die Art der bisherigen Betriebsführung, die durch Defizite und fehlende Bilanzen gekennzeichnet war. Sehr viel mehr wollte der Bürgermeister nicht zu den Leistungen des „Kur-Müll-Direktors" sagen. *„Das verbietet die Fürsorgepflicht. "* Gleichwohl klang so etwas wie „fehlende Motivation" an. Vom FDP-Fraktionsführer war zu hören: *„ Offensichtlich hatte Müller aber nach dem Streit über die Bilanzen endgültig die Schnauze voll. "* Dann aber hat kein Motivations-, sondern ein Demotivationsproblem vorgelegen. Demotivationsprobleme haben externe Ursachen, zumeist Vorgesetzte. Bürgermeister Witzel meinte nach seinem Ausscheiden, dass der neue Bürgermeister den Leiter Kur- und Service *„durch schlechte Behandlung und Besserwisserei"* vertrieben habe (WZ 21.3.2014). Was aber wirklich der Auslöser war, wissen nur die Beteiligten. Der Ausgeschiedene trat anschließend die Position des Geschäftsführers der Frankfurter Bäderbetriebe GmbH an (WZ 2.11.2013).

Das Jahr 2014

- Erfolg(los)reiche Investorensuche
- Gefährliche Konkurrenz in Bad Vilbel
- Verwirrspiel um Thermenschließung
- Sprudelhofsanierung 2018 nicht erreichbar
- Das Scheitern droht
- Jetzt red i: Der Thermenrenommist greift ein
- Bürgerinitiative Sanierung
- Neubau adieu, Sanierung ja!
- Die Stadt sitzt in der Falle

Erfolg(reich)lose Investorensuche

Die Investorensuche schien vorerst von Erfolg gekrönt. Fünf Unternehmen hatten bis Februar auf die Ausschreibung reagiert. Im Juni solle die Entscheidung fallen. Mehr war nicht zu erfahren. Das Rathaus hatte striktes Schweigen verordnet. Man wollte vermeiden, die Verhandlungsposition der Stadt zu schwächen. Selbst das Parlament tappte im Dunkeln. Teilweise entsprach das auch gesetzlichen Vorschriften für Public Private Partnership-Verfahren. Das Stadtoberhaupt sah weiterhin gute Chancen, den Neubau mit einem privaten Investor zu realisieren. Aber Grundstück und Therme würden im Eigentum der Stadt bleiben. Im Falle einer Insolvenz des Investors bliebe so keine Bauruine zurück, wie es in anderen Städten Deutschlands der Fall war. Wiederholt wurde der Begriff Neubau betont. *„Eine Instandsetzung haben wir nicht auf dem Schirm“*, so Bürgermeister Häuser.

> ***2/2014 - Baukostenschätzung Stadt Bad Nauheim***
> o ***25 bis 30 Mio. €***
> o ***Verlustausgleich für Investor p.a. 600.000 €***

Das Finanzierungsvolumen sollte einschließlich einer eingeschossigen Tiefgarage 20 bis 25 Millionen Euro betragen. Dem Investor wurden 600.00 Euro p.a. Verlustausgleich zugesichert.

„600.000 € - Diese Zahl ist in Stein gemeißelt“,

betonte der zuständige Fachbereichsleiter des Rathauses. (WZ 25.2.2014). Die Schließung der Alttherme wurde für den 31.12.2014 und der Eröffnungstermin der neuen Therme auf Ende 2016 festgelegt.

> ***2/2014 - Neue Terminnennung***
> o *Schließung Alttherme 12/2014*
> o *Thermeneröffnung Ende 2016*

Gefährliche Konkurrenz in Bad Vilbel

In der Quellenstadt Bad Vilbel soll eine Mega-Wellness-Oase gebaut werden. Diese Information verbreitete sich 2014 in ganz Mittelhessen. Es droht David gegen Goliath. Kein Problem dachten einige Oberschlaumeier aus Bad Nauheim. Mit unserem Wasser kann niemand konkurrieren, hieß es lapidar. Vielleicht nicht mit dem Wasser, aber sicher mit dem ganzen Drumherum.

Im Verlauf des Jahres wurden die Informationen immer detaillierter. Ein auf Bäder spezialisierter Unternehmer aus Bayern, Josef Wund, plane zusammen mit den Stadtwerken eine 20 000 Quadratmeter große Bäderwelt mit acht Saunen, 28 Rutschen, Wellenbad, Becken mit acht Bahnen, Parkhaus für 1.900 PKWs. Der Herr gilt als Bäderkönig. Seine über ganz Deutschland verbreiteten Bade- und Sportstätten arbeiten gewinnbringend. Die Besucher nehmen lange Anfahrtswege auf sich, um sich zu vergnügen oder zu entspannen. Geplant sind 2.000 bis 5.000 Besucher pro Tag.

Das Investitionsvolumen war zunächst mit 80 Millionen geplant, wurde dann auf 100 Millionen hochgesetzt. Mittlerweile liest man von 120 Millionen. Ich rate unseren „Stadtverordnern" zu einer sehr präzisen Konkurrenzanalyse. Bad Vilbel liegt nur 25 km von der Kreisstadt Friedberg entfernt. Die S-Bahn benötigt etwa 15 Minuten von Stadt zu Stadt. Wer südlich von Friedberg wohnt, hätte nunmehr eine Alternative zur Bad Nauheimer Therme. Da nützt auch nicht der Hinweis auf das gute Bad Nauheimer Wasser. Die „Stadt der Quellen", wie sich Bad Vilbel betitelt, verfügt unter anderem über eine Quelle mit einem hohen Gehalt an natürlicher Kohlensäure. Mit einer Gesamtmineralisation von 5.000 mg/l gehört der Römerbrunnen, so der Markenname, zu den mineralhaltigsten Quellen Deutschlands. Seit 1955 wird das Wasser bei Badekuren im Bad Vilbeler Kurhaus angewendet. Nachträglich entschieden sich die Architekten für eine Rohrleitung, die das Wasser des Römerbrunnens in die Wellness-Oase leitet. Die Eröffnung ist für Weihnachten 2017 geplant. Zunahme oder Abnahme der Besucherzahlen in Bad Nauheim wären ein Gradmesser für den Erfolg Bad Vilbels. Die Chance der Kurstadttherme könnte in einer Pleite der Vilbel-Therme liegen. Die wird wohl nicht geben, so meine Einschätzung. Eher bekommt die Taunus-Therme in Bad Homburg ein Problem.

Verwirrspiel um Thermenschließung

Im Juni 2014 sollte der Investor gefunden sein. Im August war noch immer nicht bekannt, wer der Auserwählte sei. Im Februar hatte der Chef der Kurbetriebe vor Gästen des Thermalbades erklärt: *„Wir sind zuversichtlich, einen Investor zu finden"* (WZ 11.2.2013). Im Rathaus herrschte nun Funkstille. In der Öffentlichkeit war von Geheimniskrämerei die Rede. Alle Voraussetzungen für den Startschuss fehlten: Abbruchgenehmigung, Baupläne, Parlamentsbeschlüsse und vor allem das Wichtigste, ein Investor. Alles kein Problem, meinte der Bürgermeister. *„Mit dem Abriss könne im Januar oder Februar begonnen werden, parallel dazu müssten die Planungen abgeschlossen sein."* Wie soll das gehen, ohne Investor, der planen, bauen, finanzieren und betreiben soll? Für Ende Juli kündigte er die Namensnennung des Investors und eine Entscheidungsvorlage für das Parlament an, über die nach der Sommerpause diskutiert werden solle (WZ 17.7.2014).

Es war klar, dass vor 2015 nichts mehr geschehen würde. Nun stand die Frage im Raum, ob das Bad über das Jahresende hinaus geöffnet bleibe. Das aber lehnte der Bürgermeister vehement ab. Von der Erststadträtin (Kämmerin) kamen andere Töne. *„Ob es Ende Dezember oder Ende März sein wird, kann ich im Moment nicht sagen."* Gegenüber der Kommunalaufsicht erklärte sie: *„Selbstverständlich sind zum jetzigen Zeitpunkt noch Änderungen in der Laufzeit der Therme denkbar."* (WZ 17.7.2014) Die Opposition bemängelte, dass hier Schließungstermine ohne Parlamentsbeschluss gehandelt würden und ohne Klarheit über einen Neubau. Das sei aber nicht nötig meinte die Stadträtin, denn ab 2015 ständen ohnehin keine Haushaltsmittel mehr zur Verfügung. Wegen dieser Rechtsauffassung griff ein Abgeordneter namens Theis die Erststadträtin (Kämmerin) scharf an: *„Frau Nell-Düvel scheint jegliche Übersicht über ihre Kompetenzen, Aufgaben und die allgemeine Rechtslage verloren zu haben“*, kritisierte er im Parlament. Der Fraktionschef der Grünen kam seinen ehelichen Pflichten nach und verteidigte vehement seine Ehefrau (WZ 19.7.2014). Ohne ihn hätte ihr eine wichtige Stütze gefehlt.

Etwa zeitgleich kündigte die Betreibergesellschaft des Thermalbades ihre Zusammenarbeit mit der Kurverwaltung zum Jahresende 2014 auf.

Sprudelhofsanierung 2018 nicht erreichbar

Zur Erinnerung: Im Januar 2010 wurde erstmals der Stillstand der 2007 beschlossenen Sanierung und Nutzung beklagt. Am 2. Juni 2010 überschrieb die Wetterauer Zeitung den Hauptartikel auf ihrer Lokalseite mit „Im Sprudelhof herrscht Funkstille“ (WZ 2.6.2010). Viereinhalb Jahre später, Ende Juli 2014, klang es ähnlich, „Funkstille“, lautete die Überschrift des Leitartikels auf der Bad Nauheimer Seite. Kuratorium und Beirat hatten seit einem Jahr nicht mehr getagt. Nach der Hessenwahl 2013 hatte die Landesregierung andere Sorgen als ausgerechnet den Sprudelhof in Bad Nauheim. Die Frau Professor Staatssekretärin, die bisher im Stiftungskuratorium saß, wechselte zur Europäischen Bank für Wiederaufbau und Entwicklung. Auch die anderen der vier Landessitze waren nicht neu besetzt worden.

In den Jahren zuvor war der Stillstand noch mit dem Fehlen eines Nutzungskonzepts begründet worden. Aber seit April 2013 lag das Konzept vor. Was war denn jetzt der Grund des Stillstandes? Die Sprudelhofstiftung sprach von großen Fortschritten der Sanierung, die nicht sichtbar sein, weil unterirdisch saniert wurde. Aber Ruhe bewahren, verkündete der Stiftungsvorstand. *„2015 wird mit der Sanierung des Badehauses 3 begonnen, in dem das Jugendstilzent-*

rum entstehen soll. "[1] Vorsichtshalber wurde schon einmal angekündigt, dass der Sprudelhof 2018, so wie 2007 geplant, noch nicht auf eigenen Füssen stehen werde. Aber keine Angst, er werde nicht an das Land zurückfallen, so wie es der Kommunalisierungsvertrag aus dem Jahre 2005 vorsieht. Der oberste Stiftungsmanager hielt nunmehr 2020 für realistisch. Was sich Berlin mit dem Flughafen leisten kann, gilt ja wohl auch für Bad Nauheim. Erst wenn der Sprudelhof komplett saniert sei, ist er wirtschaftlich tragfähig, hörte man aus der Sprudelhofstiftung (WZ 26.7.2014).

> **7/2014 - Planung Sprudelhof**
> o **Sanierungsbeginn 2015**
> o **Sanierungsende 2020**

Man erinnere sich an die Vorschusslorbeeren des Jahres 2007, als man voll des Lobes für die Gründung der Sprudelhof-Stiftung war. Hier nochmals die Stimmen der damaligen Fraktionsvorsitzenden: „Superergebnis", „Ein großes Werk", „Kann sich wahrlich sehen lassen". Heute müsste der FW/UWG-Sprecher sagen: *„Kann sich wahrlich nicht sehen lassen."*

Die SPD sprach von einem Possenspiel, dass das Land jetzt, 2014, aufführe und lieferte diese Erklärung: *„Das Finanzministerium kürzt den Kommunen seit Jahren die Finanzzuweisungen, um selbst 2020 die Schuldenbremse einhalten zu können. Aus dem gleichen Grund tut es alles, um den Millionenaufwand für die Sanierung des Jugendstilensembles immer weiter hinaus zu zögern."* (WZ 27.8.2014)

Das Scheitern droht

Der für die Kurstadt zuständige WZ-Redakteur beklagte im August das Schweigen der Rathausspitze in Sachen Therme. Da sich die Stadt in einem Public-Private-Partnership-Verfahren befand,

---

[1] Dieses Manuskript entsteht von 11/2016 bis 3/2017. Im Badehaus 3 wurden bisher keine sichtbaren Sanierungen durchgeführt.

waren Informationen nach außen zu deckeln, um mögliche Scha-
denersatzforderungen des zukünftigen Investors zu vermeiden.
Hintenherum hatte die Zeitung aber erfahren, dass es nur einen Interessenten gab, dessen Offerte auf einmütige Ablehnung stieß.
Wahrscheinlich hatte dieser erfahren, der einzige Bewerber zu sein,
was er zu seinem Vorteil nutzte. Er wollte 23 Millionen investieren, aber das Therapiebecken und eine Tiefgarage streichen. Seine
Planung basierte auf 375.000 Badegästen pro Jahr und einer städtischen Subventionssumme von jährlich 770.000 Euro. Wo sollen
die Badegäste herkommen, wenn allein die Mega-Wellness-Oase
in Bad Vilbel etwa 475.000 Besucher pro Jahr anlocken will und
500.000 die Taunus-Therme in Bad Homburg aufsuchen? Da bleibt
für Bad Nauheim nicht mehr viel übrig.

Plötzlich wurde der Neubau in Frage gestellt. Erst jetzt war es in
das Bewusstsein der politisch Verantwortlichen gelangt, dass sich
Public-Private-Partnership   bei zahlreichen Projekten als großes
Risiko erwies. Bäder wurden teurer als der Bau in kommunaler Eigenregie oder endeten als Bauruine. Das hätte man viel früher wissen können, wenn man bei Google die Suchwörter „Private Public
Partnership" + „Risiko" eingegeben hätte. Auch die zu früh „in
Stein gemeißelte" Subvention von 600.000 Euro soll ein strategi-
scher Fehler gewesen sein. Redakteur Klühs: *„Zu all diesen Zahlen
und Kommentaren schweigt die Rathausspitze."* Plötzlich wurde
wieder die Möglichkeit einer „unechten PPP" gehandelt, also dass
die Stadtwerke die neue Therme bauen würde. Das wäre eine Politik nach der Methode „linke Tasche, rechte Tasche". Die Stadt
hätte sich die Millioneninvestition erspart und das Geschäftsrisiko
auf Stadtwerke verlagert. Diese hätten wahrscheinlich versucht,
über Tariferhöhungen Ausgleich zu schaffen.

Eine ganz und gar nicht unvernünftige Variante wurde hinter vor-
gehaltener Hand diskutiert: Schließung der Therme. Ein

Tabuthema! Das wäre so, als würde das Hofbräuhaus geschlossen. Doch jedes strategisch geplante Investitionsvorhaben beginnt mit der Frage: Was ist, wenn nicht...? Antwort: Es gäbe dann keine Therme mehr für Besucher, die bis zu drei Viertel von auswärts kommen. Man müsste wieder in Wannen baden. Wer klassisch Schwimmen möchte, nutzt das Wellenbad mit dem großen Schwimmbecken. Inzwischen wusste man auch, dass der Heilbad-Status und das Adelsprädikat „Bad" beibehalten werden könne. Aber die Politik befand sich im Thermenrausch, so wie seinerzeit im Rausch der Landesgartenschau, der zu einer Verdoppelung der städtischen Schulden geführt hatte. Es ist manchmal notwendig, Risiken einzugehen, aber vor Blindflug bei unklarer Datenlage ist zu warnen (WZ 16.8.2014).

Jetzt red i: Der Thermenrenommist greift ein

Jetzt meldete sich zum Glück auch noch ein „Experte", ein Mann, der früher als Marketingdirektor in Bad Nauheim tätig war und nun im Schwarzwald lebt. Er empfahl von der „Kleckerstrategie" Abschied zu nehmen und die „Klotzstrategie" anzuwenden. Da er nicht mehr auf der Lohnrolle der Stadt stand, konnte der Herr Marketingdirektor a.D. gefahrlos Klartext reden und finanzielles Wunschdenken äußern.

Hier seine „Anklagepunkte":

o Nach der Kommunalisierung 2005 wurden die Weichen falsch gestellt.

o Die Gründung einer stadteigenen Kur- und Bäder GmbH wurde vernachlässigt.

o Zusammenlegung von Kurbetrieb (Therme) und Bauhof (Müll) war ein Fehler.

o Stattlicher Neubau statt Sanierung. Nicht kleckern, sondern klotzen.

o Deswegen Verlagerung der Therme neben das Wellenbad.

o Unqualifizierte Thermen-Gutachter auf Bachelor-Niveau.

o Zeitverzögerung von 10 Jahren durch Berater-Gewurschtel.

o PPP-Strategie (Pleiten, Pech und Pannen) war von vornherein zum Scheitern verurteilt gewesen.

o Geld wird nicht mit der Therme verdient, sondern mit Zusatzleistungen (Sauna, Wellness etc.).

Zur Finanzierung seiner „Klotzstrategie" äußerte er sich vorsichtshalber nicht. Aber sein Auftritt hatte Wirkung, vor allen beim Kurstadt-Michel, der begeistert JA rief und nach der Grundsteuererhöhung Nein schreit. Es wurde eine „Wallfahrt" nach Bad Dürrheim angeboten, ein Kurort, den der Herr Marketingdirektor a.D. und seine örtlichen Gefolgsleute als Modelltherme anpriesen. Es war in diesen Monaten üblich, irgendwelche Badeorte zu benennen, die angeblich verlustfrei arbeiten. Die kann ich auch nennen, würde aber auch die vielen, vielen mitnennen, die regelmäßig Verluste einfahren oder gar pleite gehen (siehe Kapitel „Pleiten, Pech und Pannen). Diese Liste ist länger. Wenn man die Investitionskosten außer Acht lässt, sieht manche Rechnung ganz nett aus, aber das wäre betriebswirtschaftlich unredlich. Als Unternehmensberater, ohne in der Verantwortung zu sein, sagt es sich leicht „Nicht kleckern, sondern klotzen".

Warum sich der Ex-Marketingchef mit Erstwohnsitz im Südschwarzwald, in die Thermendiskussion einbrachte, weiß ich nicht. Entweder hatte er Rechnungen mit der Politik offen oder einflussreiche Kreise um einen sogenannten Förderverein herum hatten ihn gerufen. Dieser Förderverein spielt als Geldgeber für den Erhalt von kurnahen Einrichtungen eine positive Rolle.

Bürgerinitiative Sanierung

Als Folge des Hin und Her von Schließungsterminen und Geheimniskrämerei mit Hinterzimmerpolitik regte sich der Unmut vieler Bürger, insbesondere von Thermenbesuchern. So musste es kommen, dass plötzlich eine Bürgerinitiative entstand. Initiator war ein Ingenieur namens Scherer, ein Mann mit Erfahrungen im Schwimmbadbau. Er erklärte die Gebäudesubstanz der Therme weiterhin für nutzbar, so dass eine einfache Sanierung für rund sieben Millionen Euro machbar wäre. Der Betrag würde reichen, die veralteten technischen Anlagen auszutauschen, dreifach verglaste Fenster einzubauen, Wärmedämmung und eine Dacherneuerung vorzunehmen sowie ein neues Therapiebecken anzubieten. Spätere Kostenschätzungen von ihm beinhalteten höhere Beträge, was sich mit umfangreicheren Sanierungsmaßnahmen erklärt. Den Zeitbedarf veranschlagte er mit neun bis zwölf Monaten. Der Bürgermeister hatte zu diesem Zeitpunkt kein Interesse, über eine Sanierung zu diskutieren, dennoch hörte man neue Töne von ihm. Wenn sich eine Mehrheit der Stadtverordneten gegen sein Konzept entschiede, müsse auch über eine Sanierung nachgedacht werden. *„Man muss immer einen Plan B haben…"* (WZ 5.8.2014) Das entsprach zwar nicht dem Beschluss der Stadtverordnetenversammlung vom August 2012, aber in der Not frisst der Teufel Fliegen.

8/2014 - Bürgerinitiative Therme
o *Kosten Sanierung 7 Mio. €*

Die Äußerungen der grünen Erststadträtin (Kämmerin), die Therme mit Jahresende zu schließen, brachten das Fass zum Überlaufen, zumindest bei der FW/UWG: Mit ihrer Ankündigung habe sie die Verhandlungsposition der Stadt entscheidend geschwächt. Der Investor sei abgesprungen, hörte man. Aber es wurde auch berichtet, dass sein Konzept von einer sogenannten Lenkungsgruppe des Stadtparlaments einmütig abgelehnt worden sei. Auf jeden Fall erkannte der Investor nach der breit angekündigten Thermenschließung, dass die Stadt keine Alternative, beziehungsweise keinen Plan B habe. Der FW/UWG-Abgeordnete Theis kommentierte sehr bissig, *„dass man als Psychologin zwar sicher einen Gesprächskreis führen, aber leider nicht die Verantwortung für eine Stadt verantwortungsvoll vertreten kann."* (WZ 23.8.2014) Hunderttausende Euros waren in Beratung und Gutachten geflossen. Das Ergebnis gleich null. Kein Investor wollte neben dem denkmalgeschützten „Weltkulturerbe" eine Therme bauen. Vielleicht solle man ernsthaft über eine Zusammenlegung der Therme mit dem

Wellenbad nachdenken, so Theis Empfehlung. Mein Rat hätte spätestens jetzt gelautet: Legt die Karten nieder. Der Spieleinsatz steigt immer mehr. Das Risiko wird unüberschaubar.

In der Stadtverordnetenversammlung im September 2014 wurde das Thermendefizit 2013 bekanntgegeben. Dieses sei um 400.000 auf 1,2 Millionen Euro gestiegen. 2011 belief es sich noch auf 480.000 Euro. Es ging aufwärts, aber leider nur mit den Kosten. Die Kämmerin begründete dieses mit Reparaturkosten. Hier muss man nach den Wartungs- und Instandhaltungsarbeiten fragen. Vorbeugen ist besser als heilen.

9/2014 - Thermendefizit
o 2012 – 0,48 Mio. €
o 2013 – 1,2 Mio. €

Neubau adieu, Sanierung ja!

Jetzt hatte der Redakteur der Wetterauer Zeitung wieder ausreichend Futter, um auf der Lokalseite kommunalpolitische Vollwertkost aufzutischen. Dafür sorgte unter anderem der Bürgermeister, der nun - umgangssprachlich ausgedrückt - die Hosen herunterließ. Er gab zu, dass die Investorensuche ergebnislos verlaufen sei. Man hatte nur einen Interessenten an der Angel. Dem reichten keine 600.000 Euro Zuschuss. Er forderte 770.000 Euro. Auf das Rheumabecken wollte er ganz verzichten. Immerhin, so das Stadtoberhaupt, habe er mit realistischen Zahlen argumentiert. Das hatten die Gutachter des Jahres 2009 auch, aber deren Zahlen wollte man keinen Glauben schenken. Bürgermeister Witzel damals: *„Ginge es nach diesen Analysen, können wir die Akte schließen."*

9/2014 - Kostenschätzung Bürgermeister Sanierung
o 11 Mio. €

Nunmehr meinte der Stadtchef, 600.000 Euro reichten nicht, um das jährliche Defizit zu decken. Das Scheitern wurde mit dem Begriff Plan B kaschiert. Er, der Bürgermeister, würde jetzt eine Beschlussvorlage zwecks Sanierung der Alttherme ohne Attraktivitätssteigerung entwerfen. Man erinnere sich an 2006 und 2007 als von der großen Bad Nauheimer Thermenlandschaft die Rede war. Den finanziellen Aufwand für den Plan B bezifferte man seitens der Stadt mit elf Millionen Euro. Man höre und staune: Bisher lautete die Marschrichtung, Neubau, jetzt plötzlich Sanierung. Woher der Sinneswandel? Die Beratungshonorare im sechsstelligen Bereich begründete er so: *„ Wir haben Gutachten und Beratung benötigt, um keine Chance zu verpassen. "*. 2012 hatte er die Wirtschaftlichkeitsuntersuchungen damit begründet, dass sie die Nachteile der Verbindung Therme - Badehäuser sichtbar machten.

Es ging offensichtlich nicht um Risikominimierung, sondern um Chancenmaximierung. Das hätte man vielleicht auch mit einem Brainstorming oder einem Ideenwettbewerb geschafft. Nachdem nun der Investor abgesprungen war, hätte man wieder über die Verbundlösung mit den denkmalgeschützten Badehäusern nachdenken können. Auf diese Option hatte man auch deshalb verzichtet, um den Investor nicht mit dem Denkmalschutz zu verschrecken (WZ 3.9.2014). Was jetzt vorlag, hatte 2006 schon mal vorgelegen. Der SPD-Stadtverordnete und Ortsvereinsvorsitzende kommentierte: Man hat nur die alten Zahlen ausgekramt. Ich meine, das macht nichts, denn die hatte ohnehin niemand mehr im Kopf.

Die Eignung des Thermenprojekts für ein Public Private Partnership (PPP) hatte die Auftragsgemeinschaft WSP CBP PSPC geprüft. Wenn ich mir deren Bericht aus 9/2011 genau ansehe, wurde hier eine optimistische Prognose abgegeben. *„Es bestehen keine Bedenken gegen die PPP-Eignung. Projektgegenstand und Projektstruktur sprechen für ein marktgängiges Modell. "* (S. 22) Im Endbericht der Gutachter vom Mai 2012 steigert sich der Optimismus und damit wohl auch die Zuversicht bei den „Stadtverordnern". *„Auf Basis der getroffenen Annahmen und Ergebnisse, empfehlen wir die Umsetzung des Projekts...in Form eines ÖPP-Modells. "* (S.110) Noch besser: Es ist zu erwarten, *„dass der Betrieb aller vorgestellten Untersuchungsvarianten ohne einen Zuschuss* *durch die Stadt Bad Nauheim auskommen wird.* " (S. 110)

Das klang verheißungsvoll, aber die vom Investor geforderten 770.000 Euro p.a. Verlustausgleich erwiesen sich als Hindernis. Mit den angebotenen 600.000 Euro war das Geschäftsmodell Therme wohl nicht marktgängig.

Nachdem sich diese Erkenntnis durchsetzte und Ärger über die horrenden Beratungsausgaben laut wurde, begründete der Bürgermeister die Gutachten mit Chancennutzung. Ein CDU-Oberschlaumeier erklärte, dass die Beratungskosten eine sinnvolle Investition gewesen seien, um nicht später mit einer Bauruine dazustehen. Es handelte sich somit um eine großanagelegte Risikoanalyse oder auch das, was sich im Projektmanagement Auftragsklärung nennt. Geht man von einem Investitionsvolumen von 20 Millionen Euro aus, dann sind die verausgabten 920.000 Euro Beraterkosten (Quelle: Informationen aus dem Stadtparlament) glatte Geldverschwendung. Sie stehen in keiner plausiblen Relation zu den sich abzeichnenden Baukosten von 20 Millionen Euro.

Wenn man zu den aufgelisteten Beraterhonoraren die internen Kosten hinzurechnet, käme man schnell auf über eine Million Euro. Stadtverordnete nannten mir gegenüber dem Betrag von über einer Millionen Euro auf der Basis einer Vollkostenrechnung.

Fast im Alleingang beerdigte Bürgermeister Häuser die gefassten Beschlüsse bezüglich Sanierung. „Neubau" lautete nunmehr die Marschrichtung. An die Argumente „Pro Sanierung" und das eigene Abstimmungsverhalten aus früheren Jahren konnte sich keiner der „Stadtverordner" mehr erinnern.

Anlässlich eines Rundganges für Gäste durch die Therme im Februar 2013, an dem der Bürgermeister und die Erststadträtin (Kämmerin) teilgenommen hatten, präsentierte der Leiter der Kurbetriebe Zahlen und Untersuchungen, die deutlich machen sollten, dass eine Sanierung nicht praktikabel sei (WZ 11.2.2013). Während es früher hieß, eine Sanierung sei unwirtschaftlicher als ein Neubau, plädierte Häuser jetzt für diese höchst unwirtschaftliche

Scheitern mit Ansage

Schon vor Monaten gab es nur einen ernsthaften Bewerber für einen Therme-Neubau, eine Tatsache, die von Bürgermeister Häuser mühsam kaschiert wurde. Damals hätte im PPP-Verfahren die Notbremse gezogen werden müssen, dann läge bereits eine Sanierungsplanung vor. Stattdessen kündigte seine Kollegin Nell-Düvel völlig verfrüht eine Schließung des alten Thermalbads zum Jahresende an. Wertvolle Zeit und viel Geld wurden verschwendet. Mehrfach hatte sich Häuser gegen eine Sanierung positioniert, jetzt vollzieht er die Wende.

Es muss so deutlich gesagt werden: Die Magistratsspitze hat versagt. Angesichts der maroden Finanzen der Stadt hätte es nie zu einem PPP-Verfahren kommen dürfen, das für Kommunen meist teurer endet als ein Bauprojekt in Eigenregie. Unsinnig war zudem die Nennung einer 600.000-Euro-Zuschuss-Höchstgrenze.

Einem Investor wollte man nicht mehr zugestehen. Jetzt sagt Häuser, auch bei einer Sanierung reiche dieser Betrag künftig nicht mehr aus. Alles völlig verworren, ohne wirkliches Konzept. Vor Jahren hätte die Politik über zwei andere Möglichkeiten diskutieren müssen: keine Sanierung oder Schließung, so bitter das für Stammgäste sein mag. Die schwarz-grüne Koalition – und nicht nur die – träumte dagegen von einem Neubau und steigenden Besucherzahlen, obwohl in der Region neue Bäder gebaut oder alte aufwendig saniert werden.

… Das Thermalbad-Desaster hat aber auch sein Gutes: Die Zitterpartie mit einem riskant kalkulierenden Unternehmen muss die Stadt nicht aushalten.

Bernd Klühs

Lösung, die dann aber doch auf wundersame Weise wirtschaftlich würde. Die Therme sollte dank moderner Technik und Wärmedämmung nach 2018 ohne einen kommunalen Kostenzuschuss auskommen. Bad Nauheim müsse dann nur Zinsen und Tilgung für den notwendigen Kredit zahlen, etwa 740.000 Euro pro Jahr. Laufzeit bis 2040. Auf das Rheumabecken verzichte er ganz. Einige Ladungen Beton in das Becken und dann spricht niemand mehr davon. Es könne ohnehin in den Sprudelhof ausgelagert werden.

Als Folge der vehementen Kritik und Diskussion in der Bevölkerung wurde die Thermenschließung auf den 31.12.2015 verlegt.

Die Stadt sitzt in der Falle

„Die Stadt sitzt in der Falle". Das war die Grundaussage der SPD als Fazit des Debakels der letzten Monate. Auch die SPD berief sich plötzlich auf den früheren Marketingchef der Stadt. *„Herr Schlichthaerle hat weitgehend recht mit seiner Kritik."* Die Idee der Thermenverlegung hin zum Wellenbad fand mehr und mehr Anhänger. Leider habe man nie über einen anderen Standort als den in der Innenstadt nachgedacht, obwohl dessen Schwächen in allen Gutachten genannt wurden. Fehlende Fläche und Parkplätze seien die Hauptmängel des geplanten Neubaus in der Kurstadt. Aus Angst vor den Theaterleuten hätte man 2012 den Neubau ohne Anbindung an die Badehäuser diskutiert. Nachdem nun auch noch der Investor abgesprungen sei, sitze die Stadt in der Falle, so der SPD-Fraktionsvorsitzende. Der große Wurf sei kaum noch realisierbar. Die Einsicht kommt spät, aber sie kommt. War es doch die SPD, die den Neubaubeschluss 2012 mitgetragen hat, allerdings ohne diese Einwände vorzubringen (WZ 12.11.2014)

> *11/2014 - Neue Terminnennungen*
> o *Thermeneröffnung 2018*
> o *Schließung der Alttherme 12/2015*

Zum Jahresausklang meldeten sich nochmals die tapferen Streiter von 3B. Sie forderten eine Gesamtschau des Gesundheitstourismus. Die Therme sei nur ein Teilaspekt. Das Attribut Gesundheitsstadt müsse eingelöst werden. Schon seit langem forderte 3B eine systemische Herangehensweise an die Themen Sprudelhof, Wellenbad und Therme, aber die CDU-/UWG-Mehrheit im Parlament schien einfach wegzuhören.

Das Jahr 2015

- Magistrat entscheidet: Sanierung statt Neubau
- Milchmädchenrechnung des Bürgermeisters
- Gegenwind aus allen Richtungen
- Der Förderverein meldet sich
- Das Retro-Konzept des Architekten Mörler
- CDU-Streit statt roter Faden
- Die Meinung der Bürgerinitiative Therme
- FDP will Sanierung
- CDU-Angsthasen
- Management by potatoes
- Offener Brief an den WZ-Kommentator
- Mathematische Gutachteritis
- Die Entscheidung: Bad Endbacher Modell
- Parlamentssitzung 15.11.2015: Pro Neubau
- Einsetzung eines Lenkungsausschusses
- Bürgerinitiative Therme gibt auf
- Therme als Flüchtlimgsunterkunft?
- Adieu 3B
- Die Therme schließt

Magistrat entscheidet: Sanierung statt Neubau

Mitte Februar 2015 revidierte der Magistrat seinen Neubaubeschluss aus 8/2012. Als finanzielle Messlatte wurden 15 Million Euro benannt. Jetzt plötzlich war die Sanierung die wirtschaftlich vernünftigste Lösung. Wie der Leiter der Abteilung Stadtentwicklung erklärte, sei die *„Instandsetzung unter anderem sinnvoll, weil der Baukörper mit der Architektur der Umgebung harmoniere."* (WZ 12.3.2015) Mit fünf zu vier Stimmen ging der Beschluss Pro Sanierung durch. Noch bis zum 31. Dezember des Jahres solle der Betrieb weiterlaufen. Dann bliebe die Therme zwei Jahre geschlossen. Im Frühjahr 2018 würde sie im neuen Glanz wieder erstrahlen.

> **2/2015 - Magistratsbeschluss**
> o **Sanierung statt Neubau**
> o **Kosten maximal 15 Mio. €**
> o **Betriebskosten 1,48 Mio. p.a.€**
> o **Zins- und Tilgung p.a. 736.000 €**
> o **200.000 Besucher p.a. (Prognose)**
> o **Bürgermeister Häuser: „Die Sanierung ist die mittel- und langfristig sinnvollste und wirtschaftlichste Lösung."**

Für die Stärkung des Gesundheitstourismus sei ein Thermalbad unerlässlich, erklärte der Bürgermeister, zumal die heimische Sole aufgrund ihres hohen Kohlensäuregehalts ein bundesweites Alleinstärkungsmerkmal habe. An anderer Stelle dieses Buches habe ich bereits gefragt, ob weniger Badebesucher kämen, wenn der Natrium-Chloridgehalt nur zwei Prozent betrüge und der Kohlensäuregehalt geringer wäre.

Der Rathauschef gab diese Zahlen bekannt: 15 Millionen Euro Baukosten, davon 5 Millionen für die Technik, 736.000 für Zins und Tilgung, 374.000 für Instandhaltung, zusammen 1,11 Millionen Euro, Laufzeit bis 2040. Im Falle eines Neubaus würden sich die Betriebskosten auf 1,48 Millionen belaufen. Planungsbeginn August 2015. Der notwendige Kredit sei in 15 Jahren abbezahlt. Toll! Da blieben aber immer noch 50 Millionen Euro Stadtschulden. Und noch besser: Bürgermeister Häuser prognostizierte auch

200.000 Besucher, so dass die Therme nach Wiedereröffnung kostendeckend, also ohne städtischen Verlustausgleich, arbeiten könne (WZ 10.3.2015). Zur Erinnerung: Bad Vilbel plant 450.000 Besucher, die Taunus-Therme begrüßt 500.000 Besucher und Bad Nauheim plant 200.000 Besucher. Das sind 1.15 Millionen Thermenbesucher aus dem Rhein-Main-Gebiet ohne die Therme in Bad Salzhausen und diverse Hallenbäder der Premiumklasse. Das Marktvolumen wurde maßlos überschätzt.

Bürgermeister Häuser hatte sich bei seiner Besucherprognose auf die Angaben aus einem Gutachten der WSP AG/PSPC aus dem Jahre 2012 gestützt. Die Damen und Herren Gutachter prognostizierten 175.000 Thermenbesucher und 100.000 Saunabesucher in einem Neubau. In einer nur sanierten Therme reduziert sich die Zahl der Thermenbesucher auf 150.000 und die der Saunabesucher auf 50.000. Wohlgemerkt: Das waren Prognosen bevor das Thermenprojekt Bad Vilbel aufgelegt wurde.

In einer Wirtschaftlichkeitsstudie, die erst im Juni 2016 vorlag, prognostizieren die Gutachter der Deutschen Sportstättenbetriebs- und Planungs- GmbH exakt 177.244 Thermenbesucher und 64.672 Saunabesucher, zusammen 246.881. Was für eine Prognose!? Das, was hier abgeliefert wurde, nennt man Scheingenauigkeit. Abgesehen davon, erscheinen mir diese Zahlen absolut unrealistisch. Wenn das so ist, gilt Entsprechendes für die Erlösprognose.

Milchmädchenrechnung des Bürgermeisters

Wie notwendig die Sanierung der Therme ist, machte Bürgermeister Häuser an den Verlusten deutlich, die der Wirtschaft der Kurstadt angeblich drohen:

- Hotel- und Gaststättengewerbe: 4 bis 6 Millionen Euro
- Dienstleister: 3 bis 5 Millionen
- Einzelhandel: 1 bis 2 Millionen Euro
  (WZ 25.2.2015)

Zur Herkunft dieser Zahlen heißt es in der Presse, sie stammen aus einer Studie des Deutschen Wirtschaftswissenschaftlichen Instituts (dwif) für Fremdenverkehr, die im Auftrage der Stadtmarketing GmbH 2011 erstellt wurde.

Wenn man die Mittelwerte obiger Zahlen addiert kommt man auf 10,5 Millionen Euro Kaufkraftverlust. Die Therme verzeichnet ohne die Sauna 136.500 Besuche pro Jahr. Wenn man hiervon 25 Prozent ortsansässige Badegäste (34.125) abzieht, ergibt das 10.5 Mio. : 102.375 Thermenbesuche = 102,56 Euro pro Thermenbesuch. Mit Sicherheit bleibt kein Geld der Thermenbesucher in der Hotellerie. Die hier genannten vier bis sechs Millionen Euro sind genauso abwegig wie die drei bis fünf Millionen für Dienstleister (Taxi, Friseure, Busse). Ich kann mir schwer vorstellen, dass die von der Wärme und Bewegung ermüdeten Thermenbesucher anschließend shoppend durch die Parkstraße flanieren, sich zum Kaffee oder Abendessen niederlassen, sich vom Taxi in die Wetterau fahren lassen oder im Hotel übernachten.

Im WZ-Bericht über diese Studie bleibt die Therme unerwähnt, obwohl sie der thematische Dauerbrenner Bad Nauheims ist. An keiner Stelle der 27 Seiten findet sich ein Hinweis auf die Therme. Davon konnte ich mich durch die persönliche Einsichtnahme im Deutschen Wirtschaftswissenschaftlichen Instituts für Fremdenverkehr überzeugen. Der Begriff „Therme" taucht nicht einmal auf.

Am 5. Februar 2017 habe ich Bürgermeister Häuser um eine Stellungnahme zu diesem Sachverhalt gebeten. Das offizielle Bad Nauheim antwortete mir am 20. Februar 2017:

„Welche Größenordnung an Wertschöpfung eine Therme ungefähr hat, wurde von der Bad Nauheim Stadtmarketing GmbH mit Hilfe der Ergebnisse der dwif Studie und Angaben der Thermenleitung zu Besuchern hoch gerechnet. Daher handelt es sich auch um „von bis" Werte, im Gegensatz zu den Angaben aus der dwif Studie selbst. Dass es sich um eine Eigenberechnung handelt wurde angegeben. Die Besucher der Therme setzen sich aus einer Mischung aus Tages- und Übernachtungsgästen zusammen. Bei rund einem

Viertel der Besucher handelt es sich um Kurgäste bzw. Übernachtungsgäste. "

Diese Erklärung wirft mehr Fragen auf als sie Antworten gibt.

Die „Hochrechnung" aus Zahlen, die in keiner Verbindung zur Therme stehen, könnte man wohl eher mit „Vermutungsrechnung" überschreiben, wobei man sich fragen muss, welche Verlässlichkeit in einer Spanbreite von 4 bis 6 Millionen (Hotellerie, Gastronomie) oder 3 bis 5 Millionen (Dienstleister) steckt. Das sind über den Daumen gepeilte Schätzungen.

Was soll der Hinweis auf Übernachtungs- und Kurgäste? Diese geben auch ohne Therme, allein aufgrund ihres Aufenthaltes, Geld für Verpflegung, Transport, Freizeit u.ä. aus. Ich kann keine Korrelation und erst recht keine Kausalität zwischen Therme, Kaufkraft und Übernachtungs-, beziehungsweise Kurgästen erkennen.

Bei den Tagesgästen gebe ich zu bedenken, dass viele von ihnen Inhaber von Dauerkarten waren, die mit Sicherheit ein Ausgabeverhalten unterhalb von Einmalbesuchern hatten. Man wird nie und nimmer auf den oben errechneten Durchschnittsbetrag von 73,68 Euro kommen.

Ich weiß nicht, welche verschlungenen Berechnungswege die Stadt gegangen ist, aber es bleibt einiges unklar. Die Therme selbst, also ohne Sauna, hatte 2015 rund 136.500 Besuche. Wenn man die von der Stadt im E-Mail angeführten 25 Prozent Übernachtungs- und Kurgäste abzieht, 34.125, verbleiben 102.375 Tagesbesuche. Hiervon sind die in Bad Nauheim wohnenden Badegäste, etwa 25 Prozent von 136.500 Besuchen, abzuziehen, da diese keine Sonderausgaben aufgrund eines Thermenbesuches tätigen. In der Untersuchung der dwif-Consulting ist nachzulesen, dass ein Tagesbesucher 26,30 Euro pro Tag in der Kurstadt ausgibt (S. 15). Selbst wenn man die Übernachtungs- und Kurgäste mit dem Ausgabesatz der Tagesbesucher hinzurechnet (34.125 x 26,30 = 897.487) kommt man bei Weitem nicht auf den Mittelwert von 10,5 Millionen Euro Kaufkraftverlust aus der Rechnung des Rathauses.

Thermenbesucher	136.500	Angabe ohne die 53.532 Saunagäste. Diese weichen auf die Sauna im Usa-Wellenbad aus.	
davon Übernachtungs- und Kurgäste = 25%	34.125	Diese Gäste wohnen zu 75% in den Kliniken und nehmen dort die Mahlzeiten ein. Ich ordne dieser Gruppe 26,30 € zu, so wie den Tagesgästen, obwohl das weit überzogen ist.	**897.487**
Anzahl der verbleibenden Thermenbesucher insgesamt	102.375	Davon 34.125 Kurstädter und 68.250 Tagesgäste	
Etwa 25% der Thermenbesucher kommen aus Bad Nauheim, darunter viele Inhaber von Dauerkarten	- 34.125	Es ist kaum anzunehmen, dass die Kurstädter Sonderausgaben aufgrund ihres Thermenbesuches tätigen	
Es verbleiben Tagesgäste, darunter viele Inhaber von Dauerkarten	68.250	Diese geben laut Studie 26,30 € pro Tag aus. 68.250 x 26,30 € =	**1.794.975**
		Kaufkraftverlust	**2.692.457**

Um es noch deutlich zu machen: 2016 war das erste Jahr ohne Therme. Bad Nauheims Hotels konnten keinen Besucherrückgang beklagen. Eine Eigenerhebung beim innerstädtischen Einzelhandel ergab ein umsatzkonstantes Bild, wenn überhaupt, wurden die Straßenarbeiten als Umsatzbremse genannt. Beim Finanzamt Friedberg wurden nicht mehr Herabsetzungen der Gewerbesteuer-Vorauszahlung beantragt als in den Vorjahren. Die amtliche Statistik wird im Laufe des Jahres 2017 belegen, dass die Horrormeldung von den Umsatzrückgängen jedweder Grundlage entbehrt.

Gegenwind aus allen Richtungen

Der auf dieser Magistratssitzung einstimmig gefasste Beschluss für eine Sanierung war der Casus knacksus für den später zum Ausbruch kommenden Streit zwischen dem CDU-Bürgermeister und seiner Partei. Die Magistrats-Mitentscheider der CDU stimmten 2016 unter der Fuchtel des Fraktionszwanges im Stadtparlament gegen ihren eigenen Beschluss.

„Gegenwind auch aus der CDU", so lautete die Überschrift des Hauptartikels auf der Lokalseite der Wetterauer Zeitung am 10. März 2015. Was war geschehen? Im Magistrat stimmte ein Mitglied der CDU gegen den Bürgermeister und ein weiteres enthielt sich der Stimme. Mit nur fünf zu vier Stimmen konnte Häuser seine neue Strategie „Neubau nein, Sanierung ja" durchbringen. Das war nicht nach dem Geschmack der Pro-Neubau-Opposition und nicht einmal eigener Parteifreunde. Gewitterwolken zogen auf. Die Verbindung Therme (Innenstadt) – Wellenbad (Stadtrand) wurde wieder hoch gehandelt.

Jetzt mauserte sich auch noch die Junge Union. *„Eine klare Kante ist bei dem Zickzackkurs der letzten Jahre mit dem Public Private Partnership-Verfahren und der Investorensuche leider nicht zu erkennen."* (WZ, 12.3.2015) Außerdem müsse die jüngere Generation auf Jahrzehnte hinaus die finanziellen Lasten tragen. Den Christdemokraten drohte die Zerreißprobe.

Nun kroch auch noch die AfD mit einer Presseerklärung voller Plattitüden aus ihren Löchern. Beispiel: *„Besonderen Wert muss...auf die Auswahl eines qualifizierten und erfahrenen Ingenieurbüros gelegt werden."* (WZ 30.5.2015) Die Partei hielt es wohl für notwendig, politische Duftmarken zu setzen

Wiesbaden setzte einen deutlichen Warnschuss ab. Die neue Staatssekretärin im Finanzministerium ließ durchblicken, dass

„das Hin und Her in der Stadtpolitik ein Ende haben" müsse. *„Mit Blick auf die Zukunft des Sprudelhofes ist erforderlich, dass die Stadt alsbald für Klarheit sorgt."* Sie machte deutlich, wer Herr im Hause ist. Die Entscheidungsbefugnis liege allein bei der Sprudelhofstiftung. Zum Thema Jugendstilzentrum schrieb die Dame Staatssekretärin: *„Ich warte gespannt auf ein stimmiges Trägerkonzept für ein mögliches Jugendstilzentrum."* Sie wird wohl noch lange warten müssen, denn vom Jugendstilverein war inzwischen zu hören, dass das Projekt Jugendstilzentrum von Ehrenamtlichen nicht zu stemmen sei (WZ 30.5.2015). Hier droht ein ähnliches Schicksal wie beim Museumsverein, der mit von der Partie sein wollte, dann aber von der Bildfläche verschwand.

Der Förderverein meldet sich

Der März 2015 war eine Zäsur in der Geschichte des Thermalbades. Aus allen Rohren wurde auf den Bürgermeister geschossen. Jetzt brachte sich auch noch der „Förderverein Bad Nauheim" in die Diskussion ein. Deren Vorsitzender, ein Mann namens Neuhöfer, hat viel Einfluss, da er der Verwalter einer Millionenerbschaft ist, die zugunsten des Stadtbildes genutzt werden soll. Dieser Erbschaft ist u.a. die teure Sanierung einer der vier Salinen zu verdanken. Nun lud dieser Verein auch noch zu einer öffentlichen Veranstaltung ein und - ach du Schreck! - man präsentierte den ehemaligen Geschäftsführer der Stadtmarketing GmbH als Referenten. Er sagte das, was weiter vorne schon beschrieben wurde. Als vermeintlicher „Sachverständiger" forderte er den Großen Wurf und verkündete, dass Bad Nauheim, ebenso wie Bad Dürrheim, mit seiner Therme wieder schwarze Zahlen schreiben könne, aber bitte „nicht kleckern, sondern klotzen". Deutliche Worte. Nichts für die auf CDU-Sound programmierten Ohren der anwesenden Rückzieher und Kehrtwender. Im Schlepptau hatten die Herren dann auch noch einen ortsansässigen Architekten mit einem völlig anderen Thermenkonzept, das den engen Diskussionshorizont von Therme/Badehäuser/Wellenbad aufbrach. Dem Mann schwebte die Konzentration aller Angebote auf dem Sprudelhof vor. Auf den Neubau einer Therme wollte er ganz verzichten.

Das Retro-Konzept des Architekten Mörler

Nach dem Architekten Hölzinger und dem Bauingenieur der Bürgerinitiative Therme meldete sich ein dritter Architekt mit einer Art Retro-Konzept zu Worte. Der ganze Sprudelhof sollte wieder Kurzentrum werden oder wie man heute sagt „Wellness-Center". Die verschiedenen Gesundheitsangebote wollte er auf die Badehäuser 2, 3 und 4 verteilen. Während die Stadt in einem Hallenbad mit dreiprozentiger Natriumchlorid-Thermalsole und hohem Kohlensäuregehalt ein Alleinstellungsmerkmal zu erkennen meinte, sah er dieses in einer in den Sprudelhof integrierten Therme. Diese sollte aber nicht nur aus einem Solebecken bestehen, sondern aus einem ganzen Fächer von Wellness-Angeboten. Das wäre ein Alleinstellungsmerkmal, das in der Region seinesgleichen sucht, meinte er. Man darf nicht vergessen, dass die Stadt zu einem Drittel Miteigentümer der Kuranlage Sprudelhof ist und von daher ein Interesse an dessen wirtschaftlicher Nutzung haben müsste.

Seine konzeptionellen Grundüberlegungen erschienen mir diskussionswürdig. Er stellte eingangs diese Fragen: 1. Wo steht Bad Nauheim in 20 Jahren mit einer sanierten Therme? Wichtig, denn Nachhaltigkeit ist für die Kurstädter, so zeigt es die Landesgartenschau von 2010, ein Fremdwort. 2. Ist es finanziell möglich, zwei Hallenbäder in einer Kleinstadt zu betreiben? 3. Kann die sanierte Therme gegen den neuen Konkurrenten in Bad Vilbel bestehen?

Der Mann mit dem Namen Mörler, ein Bad Nauheimer Uraltgeschlechts, empfahl eine dauerhafte Positionierung in einer Marktnische. Die Zielgruppe war auch klar, Gesundheitsbedürftige und Wellnessorientierte, weniger der Typ Bahnenschwimmer oder Spaßsucher. Er dachte wohl eher an jene Zielgruppe, die auch die gediegene Friedrichsbadtherme in Baden-Baden, das Kaiser-Wilhelm-Bad in Bad Homburg oder die Therme in Bad Vöslau mit ihren historischen Kabinen besucht. Diese Zielgruppe, tendenziell ältere Mitbürger, wächst und wächst, wie es die Demographie-Statistik zeigt. Das schafft Probleme, bietet aber auch für Bad Nauheim Chancen, auf die ich als Bürgermeisterkandidat schon im Jahre 2005 hingewiesen hatte (WZ 26.3.2005).

Ein Schwimmbecken verlagerte der Architekt in das Außengelände. Die Badezellen, in denen schon Kaiser und Könige badeten, blieben erhalten. Darin könnten die diversen Angebote platziert und Anwendungen verabreicht werden. Drei zum Badehaus-Ensemble gehörende Lichthöfe böten sich für eine Glas-Überdachung an. Außerdem könnten die 50 Millionen aus der Sprudelhof-Stiftung mit in die „Sprudelhof-in-Therme" einfließen. Das nicht mehr benötigte Grundstück der Alttherme würde verkauft. Die Erlöse könnte man zur Finanzierung der Retro-Therme einsetzen.

Von den Theaterfreunden kam der Vorwurf, der Architekt liefere keine zuverlässigen Zahlen. Seine Präsentation komme zu spät, der Zug sei abgefahren, Architekten- und Ingenieurleistungen für den Sprudelhof seien bereits vergeben. Der Denkmalschutz habe, anders als behauptet, den Architektenvorschlag nicht begrüßt, sondern lediglich zur Kenntnis genommen, ebenso die Sprudelhof-Stiftung. Ich meine, wie immer man das Konzept beurteilt, der Mann hatte, ebenso wie der Bauingenieur Scherer von der Bürgerinitiative Therme und der Architekt Prof. Hölzinger, eine anerkennenswerte Fleißarbeit geliefert. Für diese kostenfreie Ideenskizze, gebührt ihnen Dank. Jede Idee, jedes Konzept hat einen Bewegungswert, weil sie weitere Ideen auslösen. Man hätte alle drei Architekten an einen Tisch holen sollen, um deren Wissen und Können zu verdreifachen. Das wäre wirtschaftlicher gewesen als die Hunderttausenden Euros für Gutachten, von denen Häuser meinte, sie seien zwecks Chancengenerierung sinnvoll gewesen (WZ 3.9.2014). Wie sinnvoll viele dieser Gutachten waren, konnte man der Wetterauer Zeitung 2005 im Zusammenhang mit der Staatsbadübernahme entnehmen. In einem 135.000 Euro teuren Gutachten *„wurde alles das aufgezeigt, was ohnehin schon jeder wusste."* (WZ, 2.4.2005)

Es kam, wie es kommen musste. Der Bürgermeister sprach von einer „unausgegorenen Idee" und verwies auf Einwände des Denkmalschutzes. Die CDU erteilte dem Architektenvorschlag vorerst noch eine Abfuhr und bekannte sich zu einem Neubau nach Bad Endbacher Vorbild. Die dortige Therme wurde im ersten Quartal plötzlich in die Diskussion eingebracht und beherrschte diese. Das Neubaubekenntnis war ein Affront gegen den eigenen Bürgermeister, gegen den Mann, der seinen Politikstil mit „füreinander – miteinander" propagiert hatte (WZ, 28.3.2015). Inzwischen galt wieder diese Steigerung: „Freund, Feind, Parteifreund". Das Theater war gerettet, die Retro-Therme (vorerst) verloren.

Aber es gab einige Christdemokraten, die mit dem Vorschlag ihres Parteifreundes Mörler liebäugelten. Die Ablehnungsfront bröckelte. Ja, man könne sich mit dem Konzept anfreunden, hieß es nun. Zwei Optionen standen zur Auswahl:

1. Neubau am alten Standort (Bad Endbacher Modell),

2. Neubau auf Basis des Architektenvorschlages Mörler,

aber bei beiden galt das Kostenlimit von 15 Millionen. Ich vermute, dass sich der Meinungswechsel mit dem Eintritt des Fördervereins in die Diskussion erklärt. Der hatte genauso seine Unterstützer in der CDU wie auch das Theater. Die Abgeordneten mussten sich nun entscheiden.

3/2015 - Entscheidungsalternativen
o Neubau am alten Standort oder
o Neubau nach Mörler-Konzept
o Kostenlimit 15 Mio. €

Architekt Mörler hatte im Förderverein einen Fürsprecher. Von hier wurde eine ganzseitige Anzeige in der Heimatzeitung geschaltet. Es war schwer, sein Konzept zurückzuweisen. Die Politik „eierte" sich aus der Situation heraus. Aber der Architekt hatte auch erklärte Gegner, so die Bürgerinitiative Thermalbad.

Damit hatte man nicht gerechnet: Der „unausgegorene", „inakzeptable", unattraktive", „nicht genehmigungsfähige", „illusorische" Entwurf des Architekten Mörler wurde vom Wetterauer Denkmalschutzbeirat als *„eine ausgezeichnete Grundlage für ein wirtschaftlich, gestalterisch und denkmalpflegerisch erfolgreiches Thermenkonzept"* gewürdigt. Denkmalschutzbeiräte sind eine vorgeschriebene Einrichtung im Denkmalschutzgesetz. Der Vorsitzende dieses Beirats ist ein Bad Nauheimer Architekt, der zugleich Vorsitzender des inzwischen eingeschlafenen kurstädtischen Museumsvereins ist. Dieser Verein war bis zu seinem Dahinscheiden Teil der Koordinierungsgruppe Sprudelhof und insofern interessensmäßig involviert. Mittlerweile hat er jedwede Legitimität als örtliche pressure group verloren.

Die Wetterauer Denkmalschutzbehörde erklärte, dem Entwurf zuzustimmen, eine Aussage, der Bürgermeister Häuser keine Bedeutung beimaß. Mörlers Konzept sei und bleibe schlecht. Ansonsten vermutete er einen politischen Affront gegen sich, denn der Vorsitzende des Denkmalschutzbeirats war und ist SPD-Mitglied (WZ 2.6.2016).

Vom Präsidenten des Landesamtes für Denkmalpflege erhielt Häuser Schützenhilfe. Dieser hatte sich sehr kritisch zu den Empfehlungen des Wetterauer Denkmalschutzbeirates geäußert (Hessischer Landtag Drucksache 19/2176, 2015).

CDU-Streit statt roter Faden

Am 16. April 2015 erschien ein von Redakteur Klühs namentlich gezeichneter Artikel auf der Bad Nauheimer Seite der Wetterauer Zeitung. Die Überschrift lautete „CDU-Streit statt roter Faden". Der Redakteur gab die Inhalte eines Gesprächs mit dem Rathauschef wieder. Dieser beklagt sich über den Kurswechsel jener Parteifreunde in der Fraktion, die gestern noch für die Sanierung stimmten und jetzt plötzlich die Zukunft à la Architekt Mörler im Sprudelhof sahen. Ein roter Faden sei nicht zu erkennen, eher eine Schlangenlinie. Der von seinen Freunden befürwortete Neubau im

Sprudelhof sei mit weit größeren Risiken verbunden als eine Sanierung der Alttherme. Das klang anders als 2010, aber vorsichtshalber hatte er damals von einer Sowohl-als-auch-Lösung gesprochen. Wenn der Neubau nicht finanzierbar sei, müsse saniert werden (WZ 29.6.2010). Während der Bürgermeister unumwunden von einem „richtig kräftigen Dissens" sprach, betonte der CDU-Ortsvorsitzende das „absolut stabile Verhältnis". Kein Grund zur Aufregung – oder doch? Jedenfalls soll der Bürgermeister die Fraktionssitzungen seiner Partei aus Ärger nicht mehr besucht haben (WZ 16.4.2015). Wahrscheinlich hat er seine Zeit besser genutzt, als sich thematische Wiederkäuerei anzutun.

Im April passierte etwas, was es in der Bad Nauheimer Parlamentsgeschichte bisher nicht gab. Der Bürgermeister legte sein Veto gegen einen Beschluss der Stadtverordneten ein, zwei Neubauvarianten per Gutachten überprüfen zu lassen. Einen solchen Querschuss gegen das Parlament und die eigene Partei gab es bisher nicht in der städtischen Politikgeschichte. Die vom Parlament gewünschte Prüfung würde weitere Kosten von 210.000 Euro verschlingen und zeitverzögernd wirken. Ein solcher Widerspruch hat aber nur aufschiebende Wirkung. Auf der nächsten Parlamentssitzung am 25. Juni solle erneut entschieden werden

Die Meinung der Bürgerinitiative Therme

Nur eine Woche später legte der WZ-Redakteur Klühs nochmals nach. Dreispaltig ließ er die Bürgerinitiative Therme, hier insbesondere den Bauingenieur Scherer, zu Worte kommen. Dort hatte man zuletzt 16,6 Millionen Euro Sanierungskosten inklusive Tiefgarage und Rheumabecken ausgerechnet. Ein Hotelneubau könne später hinzukommen (WZ 22.4.2015).

Der Kopf dieser Bürgerinitiative war der schon oben erwähnte

Architekt namens Scherer, der jetzt ein neu durchdachtes Sanierungskonzept auf den Tisch legte. Die neue Bausumme belief sich auf 14,6 Millionen Euro. Architekt Scherer wollte an die Stelle des Rheumabeckens vier kleine Bassins platzieren und meinte, den städtischen Betriebskostenzuschuss halbieren zu können. Die Bürgerinitiative bekräftigte ihre Forderung mit 6.300 Unterschriften „Pro Sanierung" (WZ 24.3.2015). Sie war der einzige Verbündete, den Bürgermeister Häuser in diesen Monaten hatte. Entsprechend frostig verhielt sich die CDU-Fraktion bei einem Gespräch mit der Bürgerinitiative. Aus dem Munde des Architekten der Bürgerinitiative konnte man sinngemäß vernehmen, dass sein Kollege Mörler unqualifiziert sei. Dessen „Badewannenvorschlag" nannte er völlig unattraktiv und nicht genehmigungsfähig. Wer hat Recht?

Im Juni erteilte die Bürgerinitiative dann auch noch einem Neubau nach dem Bad Endbacher Modell eine klare Absage. Dieses sei mit Bad Nauheim nicht vergleichbar. Würde man es so in Bad Nauheim errichten, entstünden Baukosten von 18 Millionen Euro (WZ 18.6.2016). Sollte die Stadtverordnetenversammlung am 23. April 2015 einen Neubau beschließen, so die Drohung, würde ein Bürgerbegehren für „Pro Sanierung" eingeleitet.

In diesen Monaten erhielt die Zeitung jede Menge Informationen aus den Fraktionen. Alle hatten irgendetwas Wichtiges oder Neues mitzuteilen, aber im Grunde wurden die sattsam bekannten Positionen nochmals aufgewärmt. Die UWG, die erst den Neubau und dann den Sanierungsbeschluss mitgetragen hatte, schlug nun die Prüfung neuer Standorte vor. Man erklärte das Konzept des Architekten Mörler für völlig inakzeptabel. Dafür wurden diese Gründe genannt: Mietzahlung an die Sprudelhof-Stiftung und ständige Abstimmungen mit ihr, Eingriff in ein Denkmal und finanzielle Risiken. Unterm Strich blieb der auch von der CDU favorisierte Neubau à la Bad Endbach übrig. Die dortige Therme sei 2009 nach Angaben der Bürgerinitiative Therme für nur 7,2 Millionen Euro (WZ 22.4.2015) beziehungsweise 11 Millionen Euro (WZ am 25.5.2015) errichtet worden. Welcher Betrag stimmt denn nun?

FDP will Sanierung

Die FDP bekräftigte mit Blick auf die wichtige Stadtverordnetensitzung am 25. Juni 2015 nochmals die Option auf Sanierung. Die Freidemokraten waren der natürliche Verbündete des Bürgermeisters und der Bürgerinitiative Therme. *„Es wäre schön gewesen, wenn auch die Stadtverwaltung in der Lage gewesen wäre, ein so überzeugendes Sanierungskonzept zu erarbeiten, wie es die BI getan hat"*, so das Kompliment an die Bürgerinitiative (WZ 24.6.2016). Die Aussage Pro Sanierung war zugleich eine gegen beide Neubaupläne, Bad Endbach und Mörlers Retro-Konzept. Sie wurden als ungeeignet abgewiesen. Fast zeitgleich brachte der FDP-Landtagsabgeordnete Hahn eine Anfrage in den Landtag ein.

Frage: Können eine mögliche neue Therme und Teile des Sprudelhofs in irgendeiner Weise eine Art Einheit bilden?

Antwort der Landesregierung:

„Das Land Hessen und die Stadt Bad Nauheim sind in der Vergangenheit zunächst davon ausgegangen, dass eine Einheit von Teilen des Sprudelhofes und einer neuen Therme möglich ist. Auf dieser Grundlage wurde auch im Nachgang zur Kommunalisierung des Staatsbades Bad Nauheim 2005 die Vereinbarung zwischen Stadt und Land vom 13.12.2007 geschlossen, die einen Neubau und Betrieb des Thermalbades in Verbindung mit Teilen des Sprudelhofes (mindestens Badehäuser 2 und 3) im Rahmen eines PPP-Verfahrens vorgesehen hatte (sog. ‚Ankerlösung‘). Ein Gutachten dazu ist von der Stadt unter Beteiligung des Landes erstellt worden. Die Stadtverordnetenversammlung hat am 10.09.2012 diese gemeinsame Ankerlösung verworfen. Der daraufhin gefasste und derzeit gültige Beschluss des Kuratoriums der Stiftung Sprudelhof Bad Nauheim zum Nutzungskonzept Sprudelhof sieht dementsprechend keine Verbindung von Thermalbad und Teilen des Sprudelhofes vor. "

Was hier geantwortet wurde, hat weiterhin Bestand, denn der Neubaubeschluss des Jahres 2016 geht lediglich von einer „optionalen" Anbindung aus.

CDU-Angsthasen

Auf der Parlamentssitzung Ende April wurden über die oben genannten Optionen

1. Neubau am alten Standort (Bad Endbacher-Modell),

2. Neubau auf Basis des Architektenvorschlages Mörler

abgestimmt. Es wurden einstimmig zwei Gutachten in Auftrag gegeben. Allen Beteiligten war klar, dass jetzt nochmals einige Monate ins Land gehen würden, aber das sei bei der Tragweite der Entscheidung angemessen, so die Meinung. Bürgermeister Häuser kommentierte dieses *mit „Angst vor der Entscheidung"* und meinte ironisch, man solle nochmals über die Untergrund-Therme des Jahres 2006 sprechen (WZ 2.5.15). Mit dem Urteil „Entscheidungsangst lag er meines Erachtens richtig. Nur wenige Abgeordnete überschauten die anstehenden Entscheidungen in Gänze. Sie wollten drohendem Ärger mit der Fraktion aus dem Wege gehen. Einige von ihnen waren an der Abstimmung über das Projekt Landesgartenschau 2010 beteiligt gewesen, das zu einer Verdoppelung der Stadtschulden geführt hatte, wie Bürgermeister Häuser 2015 (WZ 3.3.2015) selbst einräumte. Aber Kommunalpolitik ist nun einmal das Recht des Parlaments, mit Steuergeldern Dummheiten zu begehen. Ich vermute, dass Häuser und der Erststadträtin (Kämmerin) bewusst war, dass mit einem Neubau der finanzielle Tigerritt beginnen würde.

Nun ging es Schlag auf Schlag. Noch vor der Sommerpause kam Schwung in die Debatte.

Management by potatoes

Im April hatten die Stadtverordneten die Prüfung dieser Optionen beschlossen:

1. Neubau am alten Standort und

2. Neubau im Sprudelhof (Retro-Konzept).

Dagegen hatte der Bürgermeister sein Veto eingelegt, das auf der Stadtverordnetensitzung am 25.6.2015 mit der Mehrheit von 33 Stimmen wieder aufgehoben wurde. Dann aber gab es Überraschungen nonstop. Im Vorfeld hatte die CDU angekündigt, den Antrag zur Prüfung des Architektenkonzepts Mörler zurückzuziehen und nur noch den Neubau auf der Thermenaltfläche begutachten zu lassen. Dieser Vorschlag wurde dann auch wieder zurückgezogen, um zusammen mit der SPD, UWG und 3B über einen anderen Antrag abstimmen zu lassen: Es würden 30.000 Euro bereitgestellt, um einen Neubau prüfen zu lassen, der sich an die Therme in Bad Endbach anlehne. Anschließend solle ein Gutachter alle vier vorliegenden Konzepte mit der Vorgabe „Neubau auf der Thermenaltfläche" gemäß

o Bad Endbach-Therme,
o Neubau nach Architekt Mörler,
o Sanierung nach Plan des Bürgermeisters und
o Sanierung nach Vorstellungen der Bürgerinitiative

begutachten. Kosten: 30.000 Euro. Ich nenne diese Art der Projektplanung „Management by potatoes", rein in die Kartoffeln, raus aus den Kartoffeln. WZ-Kommentator Klühs sprach in einem Kommentar von der „Hilflosigkeit" der Parlamentarier.

06/2015 - Abstimmungsalternativen
o *Neubau nach Therme in Bad Endbach*
o *Neubau nach Konzept Architekt Mörler*
o *Sanierung nach Konzept BI-Therme*
o *Sanierung nach Magistratsvorlage*

06/2015 - Gutachterkosten
o *30.000 für Neubau nach Therme in Bad Endbach*
o *30.000 für Neubau nach Konzept Architekt Mörler*

Offener Brief an den WZ-Kommentator

Das Duo Bürgermeister und Erststadträtin (Kämmerin) bezweifelte vorsorglich, dass es möglich sei, die Beschlüsse umzusetzen. Außerdem, 60.000 Euro würden nicht für vier Gutachten reichen und das Stiftungskuratorium des Sprudelhofes würde nicht warten wollen, bis die neuen Gutachten vorliegen. Der Öffentlichkeit blieb das tiefe Zerwürfnis zwischen Bürgermeister und seinen Parteifreunden nicht verborgen (WZ 27.6.2015). Ich erspare mir hier einen Kommentar. Den gab Bern Klühs in der Wetterauer Zeitung.

Kommentar Wetterauer Zeitung, 2.7.2015

Hilflosigkeit

Ein Wort genügt, um den Verlauf der Diskussion über die Therme-Zukunft zu charakterisieren: chaotisch. Nach zehnjähriger Beratung mit zig Gutachten für Hunderttausende von Euro machen die Stadtverordneten einen konfusen Eindruck. In allen Fraktionen herrscht heillose Verwirrung – einer favorisiert das Mörler-Modell, andere schwärmen vom Bad-Endbach-Konzept oder halten die Sanierung für alternativlos. Kann eine erneute Prüfung helfen, einen Weg aus dieser verworrenen Gemengelage aufzuzeigen? Wohl kaum, zumal die Gutachter unter diesen Voraussetzungen – 60.000 Euro Honorar, acht Wochen Zeit – gar nicht vernünftig arbeiten können.

Die Fraktionen kommen auch deshalb nicht zu einem Ergebnis, weil stets nach BI und Förderverein geschielt wird, die völlig unterschiedliche Ansichten in Sachen Therme vertreten. Es könnte ja Stimmen bei der Kommunalwahl im Frühjahr kosten, wenn man einigen engagierten Bad Nauheimern auf die Füße tritt.

Auch nach der Sitzung bleibt völlig offen, wohin die Reise geht. Nur eines scheint klar zu sein: Das Tischtuch zwischen CDU-Fraktion und Bürgermeister ist endgültig zerrissen. Beide Seiten traktieren sich mit spitzen Bemerkungen, sind beim Top-Thema dieser Wahlperiode komplett zerstritten. Die Union lässt Häuser im Regen stehen, der ebenfalls keine Kompromissbereitschaft zeigt. Er ist noch zwei Jahre im Amt, dann muss sich die CDU vermutlich einen neuen Kandidaten suchen.

Bernd Klühs

Der Kommentar aber war nichts als Polemik, meinten SPD, UWG, 3B, Verwaltung und der Bürgermeister. In einem offenen

Brief wurde dem Redakteur Klühs vorgeworfen, er mache engagierte Parlamentsarbeit „verächtlich", wenn er von „Hilflosigkeit" spreche. Ich frage: Was nützt eine Tonne Engagement, wenn das notwendige Pfund Projekt- und Methodenwissen fehlt. Und außerdem: Wer so dünnhäutig ist wie die Briefeschreiber, sollte der Politik besser fernbleiben.

Statt des Zeitaufwandes für einen offenen Brief hätten die Unterzeichner besser über das Erscheinungsbild der Stadtverordnetenversammlung nachdenken sollen. Als Folge des jahrelangen Hickhacks hatte das Bad Nauheimer Parlament an Status und Ansehen verloren. Hätten unsere Briefschreiber in die Bevölkerung hineingehorcht, hätten sie Kommentare wie Kasperletheater und Verschwendung zu hören bekommen. Der Redakteur hat die Stimmung mit eigenen Worten wiedergegeben. Außerdem war er der einzige, der den Damen und Herren „Stadtverordnern" ein notwendiges Feed-backs gab (WZ 2.7.2015). Statt eines Dankes bekam er Schelte. Ich meine, die Briefunterzeichner haben mit ihrer Unterschrift die sie betreffende Kommentarüberschrift „Hilflosigkeit" quittiert.

Aber unsere Briefschreiber hatten weitere Probleme. Die Zeitung hatte von dem vorderseitig beschriebenen Gutachten geschrieben, das von der Stadtverordnetenversammlung beschlossen wurde. Es würde sich lediglich um eine synoptische Zusammenstellung aller Konzepte handeln, um diese miteinander vergleichbar zu machen.

Ein sogenannter „Projektsteuerer", hier ein absolut falsch gewählter Begriff, sollte nun in Form einer Matrix eine Entscheidungsgrundlage für die Thermenerneuerung erstellen. Keiner der parlamentarischen Händchenheber hat sich je mit dem Instrument Matrix beschäftigt, wobei es sich nur um einen anderen Ausdruck für die Nutzwertanalyse oder auch Punktebewertung handelt. Alle Fraktionen außer der FDP folgten diesem Papier. Um meine Bedenken gegen dieses Instrument auszudrücken, zitiere ich ausnahmsweise aus einem meiner Management-Fachbücher (Walter Simon, Managementtechniken, GABAL-Verlag, Offenbach 2012).

„Die Nutzwertanalyse ist ein systematisches Verfahren zur Bewertung und Auswahl von Alternativen anhand zahlreicher Kriterien. Komplexe Zusammenhänge der Alternativen, die nicht nur aus monetär bewertbaren Kriterien bestehen, werden in einzeln zu betrachtende Bewertungskriterien untergliedert. Diese werden gewichtet und hinsichtlich ihres Beitrages zur Zielerfüllung bewertet. Einzelne Teilkriterien werden dann zu einem Gesamtwert summiert. Stehen mehrere Alternativen zur Auswahl, dann ist die Alternative mit dem höchsten Gesamtwert die beste Wahl...

Um nicht als Schlechtredner oder Miesepeter dazustehen, zitiere ich noch diese beiden Absätze:

„Es ist positiv zu bewerten, dass der Prozess der Entscheidungsfindung eine hohe Transparenz erhält, weil er in logische Einzelschritte zerlegt wird, ohne dass der Gesamtzusammenhang des Entscheidungsproblems verlorengeht. Der gesamte Nutzen - nicht nur der monetäre - einer jeweiligen Alternative wird betrachtet und die subjektiven Einschätzungen von den objektiven Tatbeständen getrennt. Die Nutzwertanalyse ist einfach und schnell mit geringem Rechenaufwand durchzuführen und ebenso einfach nachzuvollziehen.

Ein großer Nachteil besteht darin, dass der ermittelte Nutzwert durch die Gewichtungen ein hohes Maß an Subjektivität beinhaltet. Der Kriterienkatalog ist oft nicht vollständig und die einzelnen Kriterien sind nicht unabhängig voneinander. Nur auf Grund der Nutzwertanalyse können keine Aussagen über wirtschaftlich sinnvolle Investitionen getroffen werden, weil die monetären Aspekte einer Entscheidung nicht mit in die Analyse einfließen. "

Die von den Gutachtern gewichteten Kriterien, wie Technik, Architektur und Ausstattung, um nur drei zu nennen, passen zum Objekt Therme. Ob die prozentualen Gewichte von 5, 6 und 5 Prozent ebenso passend sind, ist eher strittig, denn die Gewichtung erfolgt höchst subjektiv. Zum besseren Verständnis hier ein Auszug aus der Bewertungsmatrix des Architektenbüros Schneider und Schumacher zum Komplex Technik.

Auszug aus der Bewertungsmatrix

Technische Qualität	Gewichtungsanteil	Sanierung	Konzept Bürgerinitiative	Studie Architekt Mörler	Konzept Bad Endbach
Basiswert für Technik 40 %	5 %	3,94 %	3,38 %	2,00 %	3,75 %

Es stellt sich die Frage, worauf die Anteilsgewichtung von 5 Prozent und die dann folgende Einzelgewichtung für die vier Alternativen beruht. Diese Einzelgewichtungen erfolgten anhand der vorliegenden Konzepte (siehe vorstehende Tabelle) Sind nun aber diese Gutachten unvollständig oder fehlerbehaftet, dann mindert das die Aussagekraft der Bewertungsmatrix. Wenn ich außerdem Teilergebnisse mit 0,19, 0,13 oder 0,6 Prozent lese, drängt sich mir der Eindruck einer Scheingenauigkeit auf.

Ich fürchte, dass sich die Gefolgsparlamentarier der Pro Neubau-Fraktionen der Dynamik der Gewichtung nicht bewusst waren. Als die Therme eröffnet war, hätte man dem gläsernen Schuhkarton Höchstwerte für die Architektur gegeben, zwanzig Jahre später Niedrigwerte. Wie sich der Wellness-Hype, der mit hohen Investitionskosten zu Buche schlägt, in 20 Jahren darstellt, ist schwer abschätzbar. Hier hätte man besser mit Bewertungskorridoren gearbeitet, beispielsweise „10 bis 20" bei maximal 40 Punkten.

Einige Bewertungspunkte erscheinen mir höchst fraglich, da sie nicht erfassbar und messbar und somit eher der Gruppe „Bauchentscheidungen" zuzuordnen sind. Dazu zählen Wohlfühlen, Atmosphäre, Image und die Erfüllung des Anspruchs Gesundheitsstadt. Noch fraglicher erscheint mir, ob alle vier bewerteten Konzepte vergleichbare und mathematisch belastbare Aussagen hierzu enthielten oder ob das Architektenbüro hier frei Schnauze bewertete.

Erst als ich dieses Buch fast fertig geschrieben hatte, bekam ich Gelegenheit, das Gutachten des Architektenbüros Schneider + Schumacher einzusehen. Es beruhigt mich zu lesen, dass sie die mangelnde Vergleichbarkeit der Konzepte problematisieren (Äpfel-Birnen-Problem).

Eine Nachfrage beim Architekten Mörler ergab, dass von ihm kein aufbereitetes Dokument zwecks Bewertung angefordert wurde. Das Frankfurter Architekturbüro hat allein auf der Grundlage von Großanzeigen in der Wetterauer Zeitung und deren Berichterstattung beurteilt. Darin fehlten wesentliche Informationen, beispielsweise zur Technik, zur Bauweise und zu Materialien, um nur einige zu nennen. Für die Matrix hätte eine einheitliche Vorlage für alle vier Konzepte vorgegeben werden müssen, um alle Punkte widerspruchsfrei vergleichbar zu machen. Eine zusätzliche Nachfrage beim Architekten der Bürgerinitiative Therme ergab, dass auch hier keine Dokumente angefordert wurden.

Die Architektengemeinschaft Schneider + Schumacher beklagt die unzureichenden Unterlagen und Informationen für eine fundierte Urteilsbildung. Zweimal wird „vom Raum für Interpretationen" gesprochen. *„Alle Studien sind lückenhaft und vernachlässigen wichtige bzw. übergeordnete Teilaspekte."* Ganz nebenbei stellt sich mir noch die Frage, warum es in der Bewertungsmatrix keine KO-Kriterien gab.

Experten sind sich einig, dass die Subjektivität desjenigen, der die Bewertungskriterien auswählt und gewichtet, der größte Schwachpunkt einer jeden Bewertungsmatrix ist. Um diesen zu minimieren, hätte zumindest die Gewichtung von einem Team vorgenommen werden müssen, beispielsweise Parlamentariern und Verwaltungsmitarbeitern. Das hätte eine Aufgabe für die sogenannte Therme-Koordinierungsgruppe sein können. Hier gilt: Keiner ist so schlau wie alle zusammen.

Fazit: Die Neubauentscheidung hat letztendlich nicht das Parlament getroffen, sondern ein externes Architektenbüro ohne Erfahrung im Hallenbadbau mittels Excel errechnet. Wenn man die von mir genannten methodischen Probleme berücksichtigt, steht sie auf tönernen Füssen.

Hier das Ranking als Ergebnis der Architektenmatrix:

1. Neubau mit Anbindung an den Sprudelhof/Badehaus 2 am alten Standort (Bad Endbacher-Modell),
2. Sanierungskonzept des Magistrats
3. Sanierungskonzept Bürgerinitiative Therme
4. Neubau auf Basis des Architektenvorschlages Mörler

Die begutachtenden Architekten schränken dieses Ranking aber ein: *„Aus dieser Rangfolge ergibt sich unseres Erachtens jedoch <u>nicht</u>, dass eine der Varianten uneingeschränkt empfohlen werden kann.“* Mit Einschränkungen empfehlen sie aber die Bad Endbacher Therme als Vorlage: *„Unter Berücksichtigung des Ergebnisses der Matrix empfehlen wir daher die weitere Bearbeitung der Variante Neubau, jedoch ausschließlich in Verbindung mit der ...Integration in das Ensemble des Sprudelhofes.“*

Die Autoren betonten die Wichtigkeit der Verbindung von Therme und Sprudelhof (Badehaus 2). Der Sprudelhof sei das zentrale Alleinstellungsmerkmal der Therme. Ohne diese Verbindung blieben Kernpotentiale ungenutzt.

Der Antrag, diese Matrix zu erstellen, kam von der Gruppe 3B. Initiator Jürgen Burdak hat sich als Architekt mit diesem Antrag ein schlechtes Zeugnis ausgestellt. Dass die Konzepte nicht vergleichbar waren, hätte er erkennen müssen. Bürgermeister Häuser und die Verwaltung sollen seinen Antrag torpediert haben. Ich hätte genauso gehandelt. Der Nutzen dieser Matrix bestand in der guten Einnahme für das Büro Schneider + Schumacher. Für das obige Ranking hätte man keine auf zwei Kommastellen genaue Excel-Tabelle benötigt. Es ist das, was ich weiter vorne Scheingenauigkeit oder auch scheinbare Objektivität nenne. Den Vergleich der vier nicht vergleichbaren Konzepte hätte man „frei Hand“ mit Papier und Bleistift vornehmen können. Kein Konzept ist durch die vorliegende Excel-Tabelle besser oder schlechter geworden. 3B und die folgsamen Händchenheber haben für diese Matrix 30.000 Euro zum Fenster rausgeworfen.

Das Ergebnis der Herren Gutachter war verständlicherweise nicht nach dem Geschmack der Theateraktivisten, denn deren Spielstätte hätte nun verlegt oder erheblich eingeengt werden müssen.

> *9/2015 - Kosten Neubau*
> o *nach Bad Endbacher Modell 18 Mio. € netto*
> o *Gutachten bauatelier 1 rund 22 Mio. € brutto*

Mathematische Gutachteritis

An dieser Stelle ist ein grundlegender Hinweis notwendig. Der bisherige Prozessverlauf, wohlgemerkt, es handelt sich nur um den grundlegenden Entscheidungsprozess, war mit vielen Wirtschaftlichkeitsgutachten unterlegt. Zahlen, Daten und Fakten sind wichtig, um Situationen zu klären, Pläne zu fundieren und Ziele zu formulieren. Jeder gute Betriebswirt arbeitet mit Soll-Ist-Kennzahlen. Ohne sie wäre kein Controlling möglich.

Seitens der Ortspolitik wurden Zweifel an der Validität einiger der vorliegenden Therme-Gutachten geäußert. Zweifel sind das eine, aber Beratungsschäden sind schlimmer. In Düsseldorf gab es einen Arbeitskreis geschädigter McKinsey-Kunden. In Wetzlar wurde die Firma Leica von der Unternehmensberatung Kienbaum fast in den Ruin beraten. Das Wirtschaftsmagazin „brand eins" schrieb vor einiger Zeit über *„Beratungsprojekte, bei denen ein Schulbus voller Hochbegabter vor dem Unternehmen vorfährt, die alle verfügbaren Zahlen dreimal hin und her wenden, sie in Excel-Tabellen klug verknüpfen, aus den bis auf die dritte Kommastelle genauen Ergebnissen bunte Folien malen und sich nach der Präsentation alle operativ Verantwortlichen fragen: Ja und?"*

Ich gehöre zu denen, die die Umwandlung der betriebswirtschaftlichen Prognose in angewandte Mathematik kritisieren. Ich meine, es ist ein Irrtum, zu glauben, dass ausschließlich quantifizierbare Argumente rational und damit akzeptabel seien. Die dafür zur Verfügung stehenden Rechenwerkzeuge bestimmen, welche Fragen gestellt werden.

Viele Hallen- und Spaßbäder sind entstanden, denen Gutachten von qualifizierten Zahlendrehern mit Hochschulabschluss zugrunde lagen. Bei vielen dieser Hallenbäder erwiesen sich die Excel-Berechnungen im Nachhinein als unbrauchbar, weil Märkte genauso irrational reagieren wie Marktteilnehmer. Die scheinbar wissenschaftlichen Methoden der Consultants gaukeln uns eine Vorhersagegenauigkeit vor, die in den allerwenigsten Fällen zutrifft. Die Kosten der Elbphilharmonie Hamburg und des neuen Berliner Flughafens hatte man zu Baubeginn genau berechnet. Im Falle Hamburgs verzehnfachten sie sich leider.

Excel-Tabellen und Algorithmen liefern Anhaltspunkte, sie ersetzen aber keine geisteswissenschaftliche, soziologische und psychologische Reflexion über den Erfolg eines Untersuchungsgegenstandes. Ob der Therme ein Erfolg beschieden ist, darüber entscheiden viele Entwicklungen, vor allem auch solche, die wir heute noch nicht absehen können. Um Sicherheit zu erlangen wäre ein Minimum an Methodenvielfalt notwendig gewesen, zumindest eine fundierte Risikoanalyse und eine Szenarioanalyse mit den Grundfragen „Bad Nauheim mit und ohne Therme". Dennoch: Es gibt keine „richtige", „falsche" oder „objektive" Entscheidung. Jede Entscheidung ist durch den Entscheider geprägt, also subjektiv und oftmals spekulativ. Die Bad Nauheimer Pro-Therme-Entscheidung war das Ergebnis einer von Gefolgschaft und Fraktionszwang geprägten Situation und der vorliegenden Informationen, die aber nicht immer geeignet waren, die Parlamentarier „in Form" zu bringen. Alle Gutachten bis 2014 waren mit Bekanntgabe des Projekts Megatherme Bad Vilbel hinfällig geworden. Wieso Bürgermeister Häuser meint, sie seien zwecks Chancenoptimierung notwendig gewesen, erschließt sich mir nicht.

Die Unterzeichner des offenen Briefes kritisierten, dass weder das Konzept der Verwaltung noch das der Bürgerinitiative Auskunft darüber gab, wie das geplante Thermalbad in den kommenden 25 Jahren mit anderen Thermen im Umfeld konkurrieren wolle. Die Antwort liegt doch seit Jahren vor: Sie lautet „dreiprozentige Natriumchlorid-Thermalsole", etwa von der Qualität des Nordseewassers mit einem „hohen Kohlensäureanteil". Das ist nach stadtoffizieller Meinung ein weit ausstrahlendes Alleinstellungsmerkmal, eines, von dem ich meine, dass es überschätzt wird. Würden weniger Badegäste kommen, wenn die Sole nur zweiprozentig wäre? Ich glaube nicht.

Kein Manager oder Strategieberater kann den von den Briefeschreibern gewünschten 25-Jahreszeitraum abschätzen. Wir leben im High-Speed-Zeitalter der Ungewissheit. Situationen ändern sich tagtäglich. Wenn wir wüssten, was als nächstes kommt, könnten wir uns darauf einstellen, aber wer weiß es schon. Wir wissen nur, dass alles mit allem irgendwie zusammenhängt und mit High-Speed aufeinander wirkt. Der Wandel hat sich gewandelt. Komplexität und Dynamik sind die Wörter, die diesen Zustand beschreiben. Insofern besteht der Kern des Strategischen Kommunalmanagements in der Bewältigung von Dynamik und Komplexität. Wir müssen die Komplexität zwischen den Bereichen Sprudelhof/Therme und ihrem gesellschaftlichen, rechtlichen, sozialen und kulturellen Umfeld berücksichtigen, um Chancen zu nutzen und Risiken zu vermeiden.

Die Entscheidung: Bad Endbacher Therme

Zum Herbst hin schien die Diskussion endlich auf eine Entscheidung zuzusteuern. Anfang September 2015 lagen die Gutachten zu den vier Thermenoptionen und deren Standorten vor, ebenso die gewünschte Matrix. Die nach Gutachten lechzenden Stadtverordneten hatten ihre „Dosis". In den vorliegenden Dokumenten wurde nichts substantiell Neues ausgesagt. Die Neubaubefürworter, insbesondere in der CDU, fühlten sich bestätigt. Das zeigt auch das Ergebnis.

Platz 1: Neubau nach Bad Endbacher Modell. Das wäre mit 18 Millionen Euro die teuerste Lösung.

Platz 2: Sanierung der Alttherme nach Vorstellung des Bürgermeisters.

Die CDU-Parlamentarier optierten für einen Neubau mit Anbindung an den Sprudelhof. Falls der Denkmalschutz Bedenken anmelden würde, wäre auch ein Neubau ohne Anbindung denkbar. Der Baubeginn wurde gleich mit angekündigt: 2016.

9/2015 - Neue Terminnennung Baubeginn
o *2016*

Ende September 2015 meldete der Bürgermeister im Haupt- und Finanzausschuss seine Bedenken an. *„Dieses Vorhaben kann dazu führen, dass wir nie eine Therme bekommen."* (WZ 26.9.2015) Er sah in der Finanzierung die größte Hürde im Fortgang des Prozesses. Die grüne Kämmerin legte nach. *„Was mich an den CDU-Anträgen stört: Sie denken nicht über die Finanzierung nach."* (WZ 26.9.2016) Das hatte man bei der Landesgartenschau auch nicht getan. Die Folge war die vorne erwähnte Verdoppelung der Stadtschulden auf etwa 40 Millionen Euro (siehe Schuldendiagramm, 2016, Widerstand vom Förderverein). Ich gehöre nicht zu den Freunden von Bürgermeister und Kämmerin, aber ich bin ihr Verbündeter, wenn es darum geht, die finanzielle Katastrophe abzuwenden. Die Wetterauer Zeitung erinnerte am 24.10.2016 daran, dass ich der einzige Bürgermeisterkandidat des Jahres 2005 war, der sich wegen der Schuldenzunahme gegen die Landesgartenschau ausgesprochen hatte. Ich hatte einfach nur mal grob nachgerechnet und meine Bedenken ausgedrückt.

Parlamentssitzung 15.11.2015: Pro Neubau

Das werden die Jugendstilfreunde gern gehört haben. Auf der Bürgerversammlung im Oktober sicherte ihnen die Sprudelhofstiftung ein Jugendstilzentrum im Badehaus 3 zu. Auf dieser Zusammenkunft präsentierte der Geschäftsführer der Stiftung die weiter

Kommentar Wetterauer Zeitung, 10.10.2015

Eile geboten

Land, Stadt, Stiftung, Denkmalschutz, Theater Alte Feuerwache –
diese und andere Institutionen mit teilweise unterschiedlichen Interessen wären beteiligt, wenn die „Ankerlösung" realisiert werden soll.
Eine Einigung in einem vertretbaren Zeitraum ist unter diesen Voraussetzungen kaum denkbar, zumal die Kommunalwahl für weitere Ver-
zögerungen sorgen wird. Das Konzept wurde von der Politik 2012
schon mal verworfen. Damals wäre es vermutlich die beste Neubau-
Variante für die Therme gewesen, noch war ausreichend Zeit. Jetzt
stehen die Verantwortlichen unter Druck, weil das alte Bad Ende des
Jahres geschlossen wird.

Eine schnelle Lösung muss her. Sonst könnte die Befürchtung der
BI – die Neubau-Pläne weiterzuverfolgen, bedeute das Ende der
Therme – zur realen Gefahr werden. Ist jahrelang kein Thermalbad
vorhanden, erübrigt sich die Investition, der Besucherstamm hätte
sich dann längst anderweitig orientiert.

Bernd Klühs

vorne beschriebenen Nutzungszwecke für den Sprudelhof.

Das Badehaus 2, die Spielstätte des Theaters, solle der Kultur
dienen, aber das hinge letztendlich vom Konzept der noch zu bau-
enden Therme ab, und darüber entscheide die Stadt. Geschäftsführer Thiemann: *„Solange kein Beschluss zur Therme gefasst ist,
bleibt es beim ursprünglichen Vorhaben. Vorher beginnen wir
auch nicht mit der Sanierungsplanung. "* (9.10.2015)

Alles lief nun auf den 15. Oktober 2015 hinaus, dem Tag der
Stadtverordnetenversammlung. Schnell noch wurden zum wieder-
holten Male die mittlerweile sattsam bekannten Positionen in Pres-
semeldungen verpackt. Bei der FDP gab es eine Veränderung.
Nachdem sie jahrelang der Sanierung das Wort geredet hatte und
von der Bürgerinitiative Therme dafür gelobt wurde mutierte sie
über Nacht zur Neubaupartei und reihte sich in die Einheitsfront
der Neubaubefürworter ein. Die Zeitung meldete im Anschluss an
die Sitzung des Haupt- und Finanzausschusses „Sanierung vom
Tisch" (WZ 10. Okt. 2015).

138

So geschah es dann auch. In der Stadtverordnetensitzung am 15. Oktober 2015 wurden drei Stunden lang alle Argumente für und wider nochmals aufgewärmt, als wenn das noch etwas an den festgezurrten Positionen geändert hätte. Wie nicht anders zu erwarten, wurde der Magistratsbeschluss von Februar 2015 „Pro Sanierung" umgeworfen und ein Neubau beschlossen, ohne zu sagen, wie dieser aussehen solle. Das werde 2016 durch eine Vorentwurfsplanung geklärt, die Grundlage des Neubaubeschlusses werden solle.

Entscheidungsvarianten

1. Neubau am alten Standort mit allen Kurmitteln im Hause.
2. Neubau am alten Standort. Kurmittel im Sprudelhof, aber keine bauliche Verbindung.
3. Neubau am alten Standort. Kurmittel im Sprudelhof, aber mit baulicher Verbindung zum Sprudelhof, eventuell durch einen überdachten Glasgang.

Kosten der Vorentwurfsplanung nach Schätzung des Bürgermeisters 300.000 Euro.

10/2015 - Beschluss
o *Vorentwurfsplanung 300.000 €*
o *Baukostennennung netto 18 Mio. €*

Einen Zeitplan mit Eröffnungstermin der neuen Therme verkniff man sich vorsichtshalber. Es gab schon zu viele Fehlmeldungen. Aber man gab bekannt, dass die Alttherme endgültig zum 31.12.2015 geschlossen werde. Nun kam der besondere Clou des Abends. Die neue Therme, die ursprünglich maximal 15 Millionen Euro einschl. Mehrwertsteuer kosten sollte, wurde nun mit 18 Millionen Euro netto angesetzt.

Es gab Leute, darunter der Bürgermeister, die ihre Zweifel zu den Finanzen anmeldeten, zumal für das Theater eine finanziell schwergewichtige Lösung gefunden werden müsse. Im Raum stand ein Betrag von 1,5 Millionen Euro

Einsetzung eines Lenkungsausschusses

Auf dieser Parlamentssitzung   wurde beschlossen, eine Ther-
menkommission/Lenkungsgruppe einzusetzen, die *„die weitere
Vorgehensweise bezüglich der Realisierung der neuen Therme*

Erläuterung in der Wetterauer Zeitung

Seit fast zehn Jahren wird über die Zukunft der Therme diskutiert. Im
Juni 2006 hatten Land und der damalige Bürgermeister Bernd Witzel
den Anfang gemacht mit dem Vorschlag einer unterirdischen Therme
im Sprudelhof….

In den Folgejahren gab es immer wieder Vorschläge – mit und ohne
privaten Investor -, aber keine Entscheidung… Trotz leerer Stadtkasse wurden Hunderttausende Euro für Machbarkeitsstudien, andere
Gutachten und eine ‚Vergleichsmatrix" ausgegeben. In zahllosen De-
batten hat sich das Parlament damit befasst, aber eine Lösung steht
nach wie vor aus.

17.10.2015 (bk)

*plant und nach Fachberatung das Raumprogramm und die Ange-
botspalette erarbeitet…Im weiteren Verfahren soll die Thermen-
kommission/Lenkungsgruppe die Ausschreibungen, Planungen
und Bauphasen begleiten und regelmäßig dem Haupt- und Finanzausschuss und dem Bauausschuss Bericht erstatten."* In diesem
Gremium saßen und sitzen neben dem Bürgermeister und der Erststadträtin (Kämmerin) Vertreter aller Fraktionen. Bei Bedarf können Experten und Interessierte hinzugezogen werden.

Der neue Ausschuss solle eine schnelle und kompetente Vorgehensweise gewährleisten, so die Antragsbegründung der CDU. Er
*„dient zur Vorbereitung und Begleitung der Vorentwurfsplanung
des VOF-Verfahrens und der Begleitung* des *Bauprojekts, …so
dass im Jahr 2016 noch mit dem Bau der Therme begonnen werden
kann"* (aus der Antragsbegründung der CDU). Normalerweise gehört das in das Arbeitspaket des Architekten, aber, wenn man nicht
mehr weiterweiß, gründet man einen Arbeitskreis. Die Thermen-
kommission/Lenkungsgruppe tagt geheim, was wohl auch besser

so ist, da man sich sonst lächerlich machen könnte. Eine Einsichtnahme in die Sitzungsprotokolle war mir leider nicht möglich.

11/2015 - Terminnennung
o *Baubeginn Therme 2016*

Die FDP beurteilt diesen Ausschuss so: „*Ein fachlich unqualifizierter Ausschuss mit Parteienvertretern versucht auf Biegen und Brechen, einen Neubau zu planen.*“ (Wahlprogramm 2016).

Mit diesem Ausschuss war die Zahl der um das Projekt Sprudelhof/Therme angesiedelten Kommissionen auf vier gestiegen.

Gremium	Zweck	Mitglieder
Thermenkommission/ Lenkungsgruppe	*Plant die Vorgehensweise bei der Realisierung der neuen Therme, plant und erarbeitet nach Fachberatung das Raumprogramm und die Angebotspalette; begleitet die Ausschreibungen, Planungen und Bauphasen; berichtet dem Haupt- und Finanzausschuss und dem Bauausschuss (aus dem Beschluss der Stadtverordnetenversammlung vom 15.10.2016)*	Mitglieder der im Stadtparlament vertretenen Parteien
Koordinierungsgruppe Sprudelhof	*Eine Interessengruppe, zu der sich die rechts genannten Vereine 2006 mit dem Ziel der Neunutzung des Sprudelhofes zusammengeschlossen haben*	o TAF e.V. o Freunde des TAF e.V. o Jugendstilverein e.V. o Verein Bad Nauheimer Museen e.V. O Lokale Agenda 21
Kuratorium der Sprudelhofstiftung	*„Das Kuratorium wacht über die Einhaltung des Stiftungszwecks und gibt dem Stiftungsvorstand die*	o Finanzministerium mit Staatssekretär(in)

| | *Richtlinien bei der Erfüllung des Stiftungszwecks vor. Es wacht insbesondere über die Einhaltung der Grundsätze der Wirtschaftlichkeit und Sparsamkeit bei den Maßnahmen zur Erfüllung des Stiftungszwecks und verfolgt die Erzielung ausreichender Erträge zur Finanzierung der laufenden Kosten..."* (Satzung). | o 5 Landtagsabgeordnete
o Präsident Landesamt für Denkmalpflege
o 1 Vertreter des Finanzministeriums
o 4 Vertreter der Stadt Bad Nauheim
o 3 Vertreter des Wetteraukreises
O 1 Vertreter der Koordinierungsgruppe Sprudelhof |
| Stiftungsbeirat | *„Der Beirat berät den Vorstand und das Kuratorium bei der Verwirklichung des Stiftungszwecks sowie der Nutzung der hierfür vorgesehenen Gebäude und Grundstücksteile des Sprudelhofs."* (Aus der Satzung). *Der Titel Beirat ist laut einem Mitglied irreführend, da hier lediglich die Beschlüsse des Kuratoriums bekanntgegeben werden.* | O 2 Vertreter der Koordinierungsgruppe Sprudelhof
O 8 Stadtverordnete
O 5 Vertreter Kreis Wetterau |

Bürgerinitiative Therme gibt auf

Für den Fall eines Neubaus hatte die Bürgerinitiative schon im Vorfeld ein Bürgerbegehren angekündigt. Deren Sprecher bliesen nochmals kräftig ins Horn und attestierten der FDP noch fünf Tage vor deren Meinungsänderung, die einzige Partei zu sein, die auf den Bürger höre. Nachdem die Freidemokraten aber abgesprungen war, gab es mit dem Bürgermeister nur noch einen Verbündeten. Dieser war mit dem Beschluss Pro-Therme-Neubau geschlagen worden und stand wie ein „Fels in der Brandung" da. Aber auch die Bürgerinitiative befand sich in einer ausweglosen Situation. Was tun? Sie verkündete, den Bürgerbescheid auszusetzen. Es sei schwierig, innerhalb der vorgeschriebenen Frist von acht Wochen die erforderlichen 2.300 Unterschriften zu sammeln. Komisch, im März 2015 waren 6.300 Unterschriften schnell zusammen gekommen. Jetzt wolle man noch Bauverzögerungen   vermeiden. Die „Kämpfer" der Bürgerinitiative erwiesen sich als lahme Enten, aber die CDU war voll des Lobes für deren „konstruktives" Verhalten.

Therme als Flüchtlingsunterkunft?

Alles Wesentliche war jetzt entschieden. Die Parteien waren sich einig. Es ging auf Weihnachten zu. Die Dinge konnten nun ihren Lauf nehmen. Aber in Deutschland rumorte es. Flüchtlinge aus Asien und Afrika pochten an der Tür, so viele, dass manche meinten, Deutschland   kollabiere. Unversehens stand das Thema Unterbringung auch auf der Bad Nauheimer Agenda. Menschen in Not brauchten ein Dach über ihrem Kopf. Nur wo? Wie gut, dass die Therme zum Jahresende schließt. Dort gibt es Toiletten, Waschgelegenheiten und eine Küche. Der Rest muss besorgt werden. Jedes Wort des Bürgermeisters wurde jetzt auf die Goldwaage gelegt. Nachdem er der Therme hohe Priorität für die Unterbringung von Flüchtlingen zugesprochen hatte, hagelte es Beschimpfungen, insbesondere vom Förderverein. Flüchtlinge in der Therme seien der Todesstoß für Bad Nauheim, hieß es. Der Förderverein hoffe, *„dass Häuser wenigstens einmal in seiner Amtszeit die Vernunft walten lasse und zum Wohle Bad Nauheims handele."* (WZ 18.11.2015) Wow! War es so schlimm mit ihm? Soviel ich weiß, ist der Mann geistig gesund. Was vernünftig ist, ist eine Frage der Sichtweise.

Die Aufregung des Fördervereins war überflüssig, denn schon vier Wochen später wurde die Idee begraben. 290.000 Euro hätte die Umgestaltung der Therme gekostet, um etwas mehr als 100 Flüchtlinge unterzubringen. Das Gebäude hätte nur gut ein Jahr als

Unterkunft dienen können, da für Mitte 2017 der Abriß geplant war (WZ 17.12.2015).

Adieu 3B

Für den Nikolaustag 2015 hatte die 3B-Zweimann-Fraktion eine besondere Überraschung. Sie gab bekannt, zur nächsten Kommunalwahl nicht mehr anzutreten. Die Gruppe hatte noch 25 Mitglieder, überwiegend Karteileichen.

2005 gestartet und mit 11,9 Prozent ins Parlament eingezogen, schaffte die Bürgerpartei 2011 gerade noch 3,8 Prozent. Der größte Teil der Arbeit wurde vom Fraktionsvorsitzenden, einem 63-jährigen Architekten, geleistet. Sie wolle sich aber nicht abschaffen, sondern als Bürgerinitiative präsent bleiben. Noch eine! Obwohl das 3B-Duo schon am Kofferpacken war, meldete es sich letztmalig im Februar mit einem Antrag im Stadtparlament. Es ging darum, das Balneologische Institut in die Thermenplanung einzubeziehen.

Ich habe schon an anderer Stelle die Fleißarbeit der Microfraktion gewürdigt. Sie hat, gemessen an ihrer Stärke, eine aktive Rolle gespielt. Von ihr kamen richtige Fragen und wichtige Impulse, allerdings auch falsche, wozu ich den 2015 gestallten Antrag auf Erstellung einer Entscheidungsmatrix zähle. Das Fraktions-Duo war diejenige Kraft, die immer wieder eine Gesamtschau des Themas Gesundheit und ein Konzept forderte. Das war vernünftig, aber wie vernünftig waren die Adressaten?

Es ist müßig, darüber zu spekulieren, warum sich das Fraktionsduo auflöste. Aus der Beobachterposition heraus glaube ich, dass der Fraktionsführer keine Lust mehr hatte, argumentativ ins Leere zu laufen. In einem qualifiziert arbeitenden Parlament hätte die Gruppe mehr Wirkung erzielt. Wer aber eine Gesamtschau des Themas Gesundheit aus der Vogelperspektive fordert, überfordert die nur zur Froschperspektive fähigen „Stadtverordner" (WZ 5.1.2016).

144

Die Therme schließt

Nach einem zehnjährigen Hin und Her, Für und Wider, nach vielen Leserbriefen, Zeitungsartikeln, Parlamentsdebatten, hunderttausenden Seiten Papier, jeder Menge Ausschusssitzungen mit unendlich vielen Sitzungsstunden, CDU-internem Streit, Bürgerversammlungen, nach einem heillosen Politik-Wirrwarr stand man wieder dort, wo man 2006 mit großen Worten gestartet war. Die große Eingangs-Glastür der Kurstadt-Therme wurde am 31.12.2015 geschlossen. Die vielen Appelle, Leserbriefe und Parlamentsanträge waren erfolglos geblieben. Ob sie jemals wieder geöffnet wird, steht in den Sternen. Es gab bis Ende 2015 keine nennenswerten Fortschritte in Konzeption und Planung. Darüber freut sich Bad Salzhausen. Von dort wurde ein um 25 Prozent gestiegener Zustrom von Badbesuchern gemeldet. Nur leider wird es sehr eng in dem kleinen Schwimmbecken. Auch die kurstädtische Kämmerin konnte sich freuen, denn der Defizitausgleich von 1,2 Millionen Euro für die Therme würde nunmehr wegfallen.

In diesem Moment wäre es sinnvoll gewesen, sich gegenüber den Einwohnern der Stadt zu erklären. Das Parlament hätte sein Verständnis für den Ärger über den bisherigen Verlauf der Planungen und die von den Badbenutzern ertragene Unbill ausdrücken müssen. Aber soviel Feingefühl darf man von den parlamentarischen Händchenhebern nicht erwarten.

Das Jahr 2016

- Schwarz-Grüne-Scheidung
- Kommunalwahl
- Zukunft des TAF-Theaters
- Verhandlungsverbot für den Ex-Bürgermeister
- Die neue Koalition
- Baukosten: 15, 18, 20 oder 24 Millionen Euro?
- Widerstand des Fördervereins
- FDP: Der Rückfall vom Umfallen
- Der Bürgermeier will nicht mehr
- Parlamentssitzung am 15.11.2016: Beschluss
- Beschluss Thermenneubau
- Ein Adliger als Retter in der Not
- Ein Interview, das keine Antworten gibt
- Der vorerst letzte Akt im Stadttheater

Schwarz-Grüne Scheidung

Das Jahr 2016 begann mit einem Eklat. Die Grünen reichten die Scheidung ein. Anlass war der Verstoß gegen die Vereinbarung im Koalitionsvertrag, Tempo 30 einzuführen. Davon wollte die CDU plötzlich nichts mehr wissen. Diese Meinungsänderung war ein Teil der Annäherung an ihren zukünftigen Koalitionspartner, der eher der Richtung „freie Fahrt für freie Bürger" zuzuordnen ist. Die Grünen hatten die ihnen von der CDU zugedachte Funktion als Mehrheitsbeschaffer erfüllt. Wie lautet eine alte Koalitionsweisheit: Trotz aller schönen Reden, am Schluss frisst jeder jeden.

Auch die Erststadträtin (Kämmerin) hatte die ihr von der CDU zugedachte Rolle als „Minentreter" und „Prügelknabe" brav erfüllt. Platzhirsche brauchen einen Sündenbock. Ich meine, bei ihr einen gewissen Hang zum Amtsmasochismus erkannt zu haben. Schon 2015 hatte WZ-Redakteur Klühs diesen Sachverhalt kommentiert (siehe Kommentarkästchen „Nell-Düvel als Prügelknabe" auf der nächsten Seite).

Die politischen Gegner der CDU sprachen von Kindertheater und einem Armutszeugnis. Selbst der CDU-Bürgermeister rügte das Verhalten seiner Parteifreunde. Der grün-schwarze Rosenkrieg konnte beginnen.

Das Ende der Schwarz-Grünen Koalition war sicher kein Nachteil für Bad Nauheim. WZ-Kommentator Klühs schrieb, dass es den Grünen kaum gelungen sei, eigene Akzente zu setzen. Im Januar 2012 hatte die Erststadträtin (Kämmerin) noch großmundig verkündet, dass man in zwei, drei Jahren die Erfolge der grünen Politik sehen werde (WZ 12.1.2012). Wahrscheinlich bin ich farbenblind, denn ich sehe nichts Grünes. Aber ich bin sicher, dass sich die Grünen trotz dieser Erfahrung auch bei der nächsten sich bietenden Koalitionsgelegenheit an die CDU schmiegen, denn Pöstchen sind lukrativer als Prinzipien.

An dieser Stelle sollte man erwähnen, dass es erstmals in der jüngeren Stadtgeschichte keinen Dauerkonflikt zwischen Bürgermeister und Erststadtrat (Kämmerer) gab. Beide zogen an einem Strang in eine Richtung, die vielen zwar nicht gefiel, aber die eingesetzte Kraft wurde verdoppelt. Das Prinzip Partnerschaft statt Feindschaft kann selbst im Rathaus funktionieren.

Der kalte Krieg zwischen dem Bürgermeister und seinen Parteifreunden wirkte bis in die Schwarz-Grüne Scheidung hinein. Das Stadtoberhaupt stellte sich auf die Seite seiner Erststadträtin (Kämmerin), lobte ihre Arbeit und kritisierte das Verhalten seiner Parteifreunde. *„In der CDU-Fraktion fehlt es an Teamgeist.“* (WZ 28.2.2016)

Kommunalwahl

Das herausragende Ereignis des Jahres 2016 war die Kommunalwahl am 6. März. Sie überschattete die Thermendiskussion. Die Christdemokraten rieben sich die Augen als die Wahlergebnisse aus den Wahllokalen eingingen. Ihre Partei hatte 10 Prozent eingebüßt und landete bei 26,6 Prozent. Der CDU-Vorsitzende sprach vom schlechtesten Wahlergebnis aller Zeiten. Die Grünen waren um 5,2 Prozentpunkte abgerutscht. Sie bekamen ihre Quittung für die exorbitante Erhöhung der Grundsteuer im Jahre 2014, für die sich die grüne Kämmerin vehement eingesetzt hatte. Natürlich muss man das schlechte Wahlergebnis der Grünen in Verbindung mit dem Fukushima-Effekt 2011 sehen, der 2016 nicht mehr wirkte.

Die Freien Wähler waren der große Gewinner. Sie legten fast 10 Prozent zu und waren jetzt die führende politische Kraft der Kurstadt. Der klassische CDU-Wähler hatte die Nase voll und entschied sich für die CDU-affine FW/UWG. Plötzlich saßen FW/UWG-Mitglieder im Parlament, die sich nur pro forma hatten aufstellen lassen, damit aus wahloptischen Gründen möglichst viele Namen auf dem Stimmzettel standen.

Zukunft des TAF-Theaters

Die TAF-Aktivisten nutzten den Wahlkampf, um den Parteien Wahlprüfsteine vorzulegen, in denen es um die Zukunft ihrer Spielstätte im Sprudelhof/Badehaus 2 ging. Sie bekamen diese Antworten:

o SPD und CDU favorisieren die Anbindung des Badehauses 2 an die neue Therme. Darum empfehlen sie einen neuen Standort für den Spielbetrieb.

o FW/UWG, Grüne und FDP waren gegen eine Verbindung vom Sprudelhof/Badehaus 2 zur Therme und wünschten daher den Verbleib des Theaters im Badehaus 2. Diese Parteien erklärten sich bereit, sich für eine Kostenübernahme einzusetzen, wenn ein langfristiger Umzug unumgänglich sein sollte. Die Umzugskosten einschließlich notwendiger Bauarbeiten wurden mit 1,5 Millionen Euro geschätzt.

Auch die Rheumatiker wollten nach der Schließung des Thermalbades wissen, woran sie seien und fragten nach Alternativen. Einige waren in das Usa-Wellenbad abgewandert, andere gingen nach Bad Salzhausen. Aber im Wellenbad war das Wasser zu kalt für Rheumatiker und Bad Salzhausen lag zu weit von Bad Nauheim entfernt. Sie wollten wenigstens einen Termin für die Wiedereröffnung hören oder lesen. Aber den konnte ihnen niemand nennen (11. März 2016).

Verhandlungsverbot für den Ex-Bürgermeister

Das war der „Hammer" des Monats März. Ich bitte die burschikose Ausdrucksweise zu entschuldigen, aber der passendere Begriff „Groteskerie" ist nicht dudenkonform. Was war geschehen? Ex-Bürgermeister Witzel, langjähriger Stadtrat und Mitgründer der FW/UWG, kehrte mit einem sensationell guten Wahlergebnis ins Parlament zurück. Er hatte sich *„den Zirkus nun fünf Jahre lang angeschaut"* und wollte wieder mitmischen. Die FW/UWG meinte, diesen Klartextredner könne man den neuen Freunden von der CDU nicht präsentieren. Darum durfte er nicht an den Koalitionsverhandlungen mit der CDU teilnehmen. Es ist wie im Alltag: Brave Kinder dürfen nicht mit bösen Kindern spielen.

Es lag auf der Hand, dass die Freien Wähler und die CDU aufgrund ihrer politischen Geistesverwandtschaft die gegenseitige Nähe suchten. Das war schon früher so und wird auch so zukünftig bleiben. Gern hätte der Altbürgermeister mit am Tisch gesessen, aber der Mohr hatte seine Schuldigkeit getan. Man hatte Witzel 2011 abgewählt. Dann pausierte er einige Jahre, eröffnete eine Straußwirtschaft und saß nun mit einem herausragenden Wahlergebnis als Abgeordneter wieder im Parlament. Viel sprach dafür, sein Wissen für die Koalitionsverhandlungen nutzbar zu machen, aber man wollte das Verhältnis zur CDU nicht belasten, denn der Altbürgermeister befand sich im Dauerkonflikt mit dem neuen Bürgermeister. Witzels Kommentar: *„Die haben Angst, dass die CDU sonst mit der UWG keine Koalition eingeht. Meine Mitwirkung hätte die Verhandlungen angeblich schwieriger gemacht. Dieses Argument finde ich mehr als lächerlich. "* (16.3.2016) Egal, wie man zum Ex-Bürgermeister steht, aber dieses Verhandlungsverbot war würdelos. Er, der maßgebliche FW/UWG-Repräsentant, wurde nachträglich als Elefant im Porzellanladen hingestellt.

Mit diesem Ausschluss wurde Witzel brüskiert. Ich an seiner Stelle, wäre auf der Ferse umgedreht und hätte die FW/UWG verlassen.

Die neue Koalition

Da es sich bei der UWG um Geistesverwandte der CDU handelt, waren sich beide Gruppierungen schnell einig, ins gemeinsame Bett zu steigen. Die FW/UWG konnte mit ihren 13 Parlamentssitzen etwas mehr Platz beanspruchen als die CDU mit nur 12. Ende April wurde die neue Koalition aus der Taufe gehoben. Der WZ-Kommentar zur Koalitionsvereinbarung wurde mit „dürftig" überschrieben. Das „Regierungsprogramm" war blumig unverbindlich formuliert, außer in einem Punkt, der Thermeneröffnung 2020. Ein offener Leserbrief an den Kommentator wurde diesmal nicht geschrieben, obwohl die Koalitionäre doch sehr „engagiert" an der Dürftigkeit gearbeitet hatten.

Die Bevölkerung wird sehr erfreut gewesen sein, als sie den jetzt sechsten Eröffnungstermin der neuen Therme in der Zeitung las. Spätestens 2020 solle die neue Therme glanzvoll erstrahlen und Hunderttausende anlocken. Bei der Gelegenheit erfuhren die Bürger auch, dass schon wieder ein Wirtschaftlichkeitsgutachten in Auftrag gegeben worden war. Vielleicht wäre es besser gewesen, endlich einmal ein Wirtschaftlichkeitsgutachten zu den vielen Therme-Wirtschaftlichkeitsgutachten in Auftrag zu geben. Dann

hätten unsere „Stadtverordner" vielleicht begriffen, dass Planung
realistisch, vollständig und vor allem wirtschaftlich erfolgen muss.

4/2016 - Neue Terminnennung
o *Thermeneröffnung 2020*

Baukosten: 15, 18, 20 oder 24 Millionen?

Zum zehnjährigen „Jubiläum" der Thermenmalaise „würdigte"
der WZ-Redakteur Klühs die in vielen Konzepten steckende Arbeit, die nun wohl im Reißwolf landen würde. Zugleich machte er
darauf aufmerksam, dass die neue Therme erheblich teurer werde
als die zuletzt genannten 18 Millionen. In einem Wirtschaftlichkeitsgutachten der Deutschen Sportstättenbetriebs- und Planungs
GmbH wurden die Baukosten mit knapp 22,5 Millionen netto angegeben. Schon 2013, 2014 und 2015 gab es immer wieder Bürger,

die darauf hinwiesen, dass weder die 15, noch die 18 und auch nicht 20 Millionen reichen würden. Aber die parlamentarischen Leichtmatrosen wussten es eingedenk ihrer Qualifikationsnachweise mit dem Aufdruck „Parteibuch" besser. Noch 2009, als die erste Kostenschätzung mit 19 Millionen vorlag, galt das als völlig abwegig. Jetzt war man bei 24 Millionen angelangt. Der Fraktionsvorsitzende der FW/UWG sah darin kein Problem: *„Es macht keinen Sinn, an einer Summe festzuhalten (18 Millionen, Walter Simon), wenn dadurch eine zukunftsfähige Therme, die im Betrieb vielleicht weniger Kosten verursacht, nicht gebaut werden kann"* (WZ 13.7.2016). Was heißt hier *vielleicht*. Für ein vages Vielleicht sollen sechs Millionen mehr ausgeben werden. Wer fremdes Geld ausgeben kann, wird großzügig. Im übrigen würde ich mir gern das E-Auto Tesla für 60.000 Euro kaufen, weil es doch im Betrieb so viel günstiger ist als ein Benziner, und das nicht nur *vielleicht*. Aber ich müsste mich verschulden und das möchte ich meiner Familie nicht zumuten.

Kostenschätzungen und -berechnungen (Stand Ende 2016)

Bei den hier genannten Baukosten handelt es sich um Annahmen, Simulationen, Schätzungen und Prognosen verschiedener Personen und Beratungsunternehmen. Ihnen liegen (noch) keine konkreten Baupläne zugrunde. Die Kostennennungen beruhen auf unterschiedlichen Bauvarianten. Bei einigen gehen Dinge wie Tiefgarage, Außenanlagen, Abbruchkosten und Badehausanbindung mit ein, bei anderen geht es nur um den Thermenkörper. Es gibt Schätzungen einschließlich Mehrwertsteuer und solche ohne. Die Unschärfe, beziehungsweise Schwankungsbreite ist hoch.

05/2006 - Thermenneubau **14 Mio.** €
---/2007 - Gutachter Dr. Krieger: Thermenneubau **22,6 Mio.** €
10/2007 - Kostenschätzung Land Hessen: Sanierung Sprudelhof **40 Mio.** €

Neubau Therme **25** Mio. €
Notwendiger Stadtzuschuss **0,6** bis **3,0** Mio. €
03/2009 - Notwendiger Stadtzuschuss **2,3** Mio. € p.a
08/2009 - Verlustausgleich für den Investor **1,0** Mio. € p.a.
10/2010 - Gutachter Wenzel Consulting AG: Betriebskostenzuschuss an Investor **2,0** Mio. € p.a..
02/2012 - Thermenneubau WSP AG: **20,9** Mio. € netto
03/2012 - Gutachter Frielinghaus Architekten: **20** Mio. €
ohne Tiefgarage, aber mit Stellplätzen
08/2012 - Verlustausgleich für den Investor **0,6** Mio. € p.a.
Prognose 1: Baukosten **19** Mio. €
Prognose 2: Thermenneubau mind. **20** Mio. €
02/2014 - Baukostenschätzung Stadt Bad Nauheim
25 bis **30** Mio. €
08/2014 - Investor fordert Verlustausgleich **0,77** Mio. € p.a.
08/2014 - Bürgerinitiative Therme: Sanierung **7,0** Mio. €
09/2014 - Bürgermeister: Sanierung **11,0** Mio. €
09/2015 - Kosten Neubau (Bad Endbacher Modell) **18** Mio. €
10/2015 - Gutachter bauatelier 1: Neubau brutto **22** Mio. €
07/2016 - Thermenneubau **23,6** Mio. € gem. Haushaltsplanung

---

Der FW/UWG Fraktionsvorsitzende machte anlässlich eines Zeitungsinterviews nochmals klar, dass seine Partei einen Neubau auf dem Platz des Altbaus *ohne* Anbindung an den Sprudelhof favorisiere. Das bringe eine Ersparnis von 200.000 Euro pro Jahr. Hinzu komme, dass bei einer Anbindung an den Sprudelhof viele Probleme mit dem Denkmalschutz zu lösen wären und die Stadt das Badehaus 2 von der Sprudelhofstiftung mieten und sanieren müsste (WZ 13.7.2016).

7/2016 - Kostenschätzung
o Thermenneubau 24 Millionen Euro

Widerstand des Fördervereins

Wenn das Parlament einen Neubau ohne Verbindung zum Badehaus 2 beschließe, werde der Förderverein ein Bürgerbegehren einleiten. Das erklärte dessen Vorsitzender, der seine politische Heimat lange in der CDU hatte und dann zu den Freien Wählern wechselte. Dort wurde er als Kandidat für die Stadtverordnetenversammlung aufgestellt, gewählt, aber trat dann ist schnell wieder aus der Partei aus. *„Es war ein Fehler, in die UWG zu gehen"*, erklärte er im Sommer 2016.

Die Bürgerinitiative Therme hatte allen Grund, vor einer Kostenexplosion zu warnen. Der schon weiter vorne mehrfach erwähnte Sprecher, ein früher als Thermenplaner tätiger Ingenieur, errechnete knapp 30 Millionen Euro Baukosten.

Die Stadt hatte 2008/2009 Schulden von etwa 30 Millionen Euro, die bis 2016 auf 47,3 Millionen Euro stiegen und bis 2019 aufgrund des Kreditbedarfs für die Therme auf 71,2 Millionen Euro steigen werden. Bis 2040 will die Kämmerei die Schulden wieder auf den Stand von 2016 abgetragen haben. Lüge oder Traum? *„Wer Schulden hat, muss auch notwendig lügen."* (Herodot)

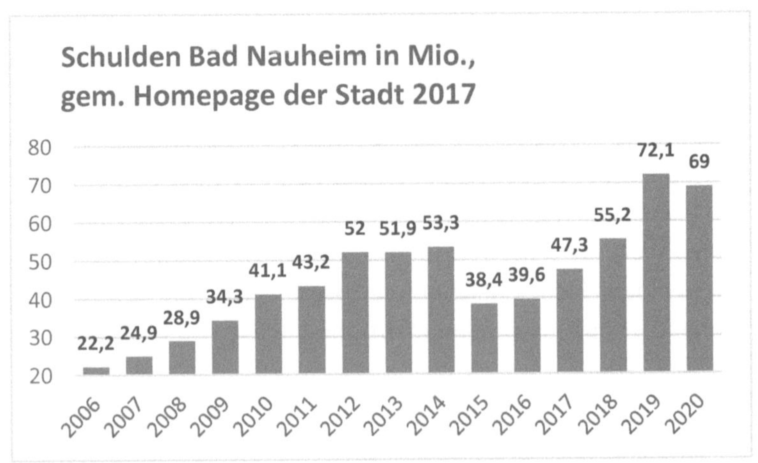

Der Anstieg nach 2017 erklärt sich mit der notwendigen Verschuldung für die neue Therme.

FDP: Der Rückfall vom Umfallen

Man erinnere sich: 2011 bis Juni 2015 plädierte die FDP für die Sanierung der Therme. Im Oktober 2015 gab es einen Meinungswechsel. Die neue Parole lautete Neubau. Der Fraktionsvorsitzende redete im September 2015 sogar auf den Bürgermeister ein, einem Neubau zuzustimmen. Ende August 2016 gab es den Rückfall vom Umfallen. Die Freidemokraten forderten die Rückkehr zur Sanierung des bestehenden Gebäudes. Sie hatten lange gebraucht zu erkennen, dass die Stadt längst an die Grenze ihrer finanziellen Leistungsfähigkeit gekommen war. Es drohe ein Fass ohne Boden.

Am 2.9.2016 kündigte die FDP-Fraktion einen Antrag an, der ihren früheren Sanierungsantrag wiederaufleben lassen sollte. Eine Verbindung hin zum Sprudelhof/Badehaus 2 lehnte die FDP ab, weil das noch höhere Kosten und Eingriffe in den Denkmalschutz auslösen würde.

Zickzack-Kurs der FDP zur Therme. Sie forderte
o Neubau 2012
o Sanierung mit Ankerlösung 2011 bis 6/2015
o Neubau ab Oktober 2015
o Sanierung 9/2016

Aber es kommt anders als gedacht. Auf der entscheidenden Parlamentssitzung am 15. Oktober 2016 forderte *ein* Mitglied der sechsköpfigen Fraktion einen Neubau mit gleichzeitiger Anbindung an das Badehaus 2. Dieser Abgeordnete fühlte sich eher seiner Meinung als der Fraktion verpflichtet.

Der Bürgermeister will nicht mehr

„Flucht nach vorne". Das war die Überschrift auf der Lokalseite der Wetterauer Zeitung am 22.7.2016. Bürgermeister Häuser gab bekannt, dass er das Rathaus am 17. September für immer verlassen werde. Das war ein Schlag ins Kontor, wie man es umgangssprachlich ausdrückt. Was war der Grund?

Er ließ durchblicken, dass Dissonanzen inhaltlicher und persönlicher Art eine Rolle spielten. Das Thema Therme war dafür ausschlaggebend. *„Jetzt zeigt sich, dass ein Neubau deutlich teurer wird als geplant und eine Anbindung an den Sprudelhof nicht möglich ist."* (WZ 22.07.16) Ich vermute, dass die in der Wetterau wohnenden CDU-Granden, wie Bundestags-Hinterbänkler Veith, Landtagspräsident Kartmann und seine langjährige Chefin aus Niddaer Zeiten, Landesministerin Puttrich, vermeiden wollten, dass Häuser im kurstädtischen Kasperletheater bleibenden Schaden nimmt und als Verlierer aus der nächsten Bürgermeisterwahl hervorgeht. Ich vermute obendrein, dass er die Verbindung seines Namens mit dem Thermalbad-Desaster vermeiden wollte. Er wusste und weiß nur allzugut, dass der finanzielle Ruin droht.

Seine Ex-Chefin wird ihn in attraktiver Position in Wiesbaden platzieren. Ich glaube auch, dass er dort nützlicher als in Bad Nauheim arbeiten kann.

Nun wurden die CDU-Parteioberen um Erklärungen gebeten. Der CDU-Fraktionsvorsitzende qualifizierte Häuser als einen

Kommentar Wetterauer Zeitung, 22.07.2016

Breitseite

Die verlorene Kommunalwahl war der erste Tiefschlag in diesem Jahr, jetzt folgt für die erfolgsverwöhnte Bad Nauheimer CDU der zweite Schock. Einen Bürgermeisterwahlkampf 2017 ohne den von vielen Bürgern nicht unbedingt geliebten, aber doch geachteten Amtsinhaber zu bestehen, wird nicht einfach. In Zeiten politischer Verunsicherung genießen die Volksparteien nicht mehr das ungeteilte Vertrauen der Bevölkerung – für den Urnengang wird der Urnengang ein Spiel mit vielen Unbekannten. Geschlossenheit ist dabei A und O, wie der CDU-interne Streit um die Therme gezeigt hat. Dieses Thema hat seinen Teil zur Niederlage am 6. März 2016 beigetragen.

Geschlossenheit heißt nicht stromlinienförmige Außendarstellung, doch der öffentliche Austausch persönlicher Animositäten hat Wähler noch nie überzeugt. Mal sehen, ob die Union ihre Lektion gelernt hat.

Bernd Klühs

„sympathischen und überaus erfolgreichen Bürgermeister", zwei Merkmale, um die sich der Fraktionsprimus besser selbst bemühen sollte. Das „Kompliment" zeigt, wie schnell der frisch gekürte Fraktionsmatador das Heucheln erlernt hatte, eine elementare Qualifikation für jemanden, der eine politische Karriere machen möchte.

Auch die Fraktionsvorsitzende der Grünen war voll des Lobes für den Abtrünnigen. Er habe zusammen mit der grünen Kämmerin die Finanzen der Stadt saniert. Frage: Was haben die beiden??? Die Wahrheit ist: Sie haben gegen alle Widerstände aus der Bürgerschaft die Grundsteuer exorbitant angehoben und durchgepeitscht. Man werfe hierzu einen Blick auf die weiter vorne abgebildete Schuldenkurve. Der Fairness halber wäre zu erwähnen, dass andere Entscheidungsträger vor Bürgermeister Häuser und seiner Erststadträtin (Kämmerin) in früheren Jahren für die Finanzmalaise mitverantwortlich sind.

Nicht nur der Thermenneubau schien immer teurer zu werden, auch die Stilllegung ging kräftig ins Geld. Für das Jahr 2016 fielen 180.000 Euro Betriebskosten an, wohlgemerkt für ein leeres Gebäude. Die Kämmerei hatte mit der Hälfte gerechnet. Man darf von hier aus weiterrechnen, wenn der Glaskasten noch länger leer steht.

2016 - Kosten für Leerstand der Therme
o **180.000 €**

Parlamentssitzung am 15.11.2016: Beschluss

Ein Jahr zuvor, am 15. Oktober 2015, hatte das Parlament von der Sanierung Abschied genommen und einen Neubau beschlossen Wie der aber aussehen solle, war bis jetzt offen geblieben.

Genau ein Jahr nach dem grundsätzlichen Beschluss eines Neubaus entschied das Parlament mit den Stimmen von FW/UWG, CDU und SPD einen Neubau mit der „Option einer Anbindung" an den Sprudelhof/Badehaus 2. Es stellte sich damit gegen die Empfehlungen des Magistrats.

Die CDU hatte vor der Wahl von einer eventuellen Anbindung gesprochen. Dem wurde im Beschluss entsprochen. Es wurde ein „autarker" Thermenneubau beschlossen, der *„so zu gestalten (ist), dass eine Anbindung an den Sprudelhof …umgesetzt werden kann."* Es handelte sich um einen „Sowohl-als-auch-eventual-optional-Beschluss". Die Anbindung könnte dann irgendwann mal am Sankt-Nimmerleinstag erfolgen.

Inwieweit der jetzt häufig genutzte Begriff „optionale Anbindung" inhaltlich gefüllt wird, würde sich aus den Gesprächen mit der Stiftung Sprudelhof und dem Denkmalschutz ergeben. Von der Sprudelhofstiftung war zu erfahren: *„Wir können nicht planen. In den nächsten vier Jahren passiert wahrscheinlich nichts."* Bei der Gelegenheit wies der Geschäftsführer der Stiftung auf das Großproblem Parkplätze hin, insbesondere für den Thermenneubau.

Ohne ausreichenden Parkraum wird es keine Baugenehmigung geben.

Das entsprach den Vorstellungen von FDP und den Grünen. Auch die FW/UWG hatte im Kommunalwahlkampf für eine Therme *ohne* Verbindung geworben. Das bringe eine Ersparnis von 200.000 Euro pro Jahr, hieß es. Nach der Wahl schwenkte der FW/UWG-Dilettantenstadl auf den Neubau mit (optionaler) Anbindung an den Sprudelhof um, ganz im Sinne ihrer CDU-Freunde. Jetzt gab es plötzlich keine Probleme mehr mit dem Denkmalschutz. Auch die notwendige Anmietung des Badehauses 2 von der Sprudelhofstiftung und die Sanierungskosten hatten sich in Luft aufgelöst. Das war doch klar, denn das FW/UWG-Wahlversprechen wurde mit aufgedrucktem Verfalldatum abgegeben.

Mit diesem Beschluss stellte sich das Parlament gegen die Sanierungsempfehlung des Magistrats. Von besonderer Pikanterie war hierbei das Verhalten einiger Magistratsmitglieder, die 2015 für eine Sanierung gestimmt hatten, aber in den Ausschüssen dagegen votierten. Offensichtlich litten diese CDU/UWG-Magistratsmitglieder an politischer Bewusstseinsspaltung. Zum Glück ist Bad Nauheim eine Gesundheitsstadt. Da gibt es Ärzte, die helfen können. Sie müssten ein wirksames Beruhigungsmittel verschreiben, denn die Baukostenschätzung wurde von 18 auf 24 Millionen Euro angehoben (WZ 13.7.2016).

Wer nun glaubt, nach dem Beschluss „pro Neubau mit optionaler Anbindung" würde Ruhe einkehren, sah sich getäuscht. So schnell beruhigten sich die Gemüter nicht. Wie auch, wenn man die Bevölkerung ständig mit neuen Hiobsbotschaften zu den Baukosten schockt. Auch die Erststadträtin (Kämmerin) erklärte sich jetzt mit 24 Millionen Euro einverstanden. Lag doch wieder ein Gutachten vor, diesmal von der Deutschen Sportstätten- und Planungsgesellschaft, in dem ein Neubau *ohne* Anbindung an den Sprudelhof empfohlen wurde. Ich frage mich, woher unsere Stadtverordneten die Gewissheit nehmen, dass die Papiere der beauftragten Unternehmensberater auf solider Grundlage stehen? Welche Verantwortung übernehmen die „Gutachter" für die Richtigkeit ihrer „Gutachten"? Keine! Darum merke: „Consultants talk funny and make money".

Beschlusstext Thermenneubau

1. Der Magistrat wird beauftragt, unverzüglich alle erforderlichen Maßnahmen zu ergreifen, um den alten Thermenkomplex abzureißen.

2. Der Magistrat wird beauftragt, die erforderlichen Maßnahmen zum Neubau einer autarken Therme einzuleiten und eine zusammengefasste Vergabe der Planungsleistungen (Generalplanung) und den anschließenden Betrieb (Verpachtung) des neugebauten Thermalbades als Verhandlungsverfahren mit vorgeschaltetem Teilnahmewettbewerb gemäß § 17 VgV europaweit durchzuführen.

Die Vertragslaufzeit für den Betrieb beträgt mindestens fünf Jahre.

Nach der Vergabebekanntmachung wird das weitere Verfahren wie folgt durchgeführt:

- Teilnahmewettbewerb
- Verhandlungsphase
- Angebotswertung
- Zuschlagserteilung oder Aufhebung

Haushaltsmittel für die Durchführung des Verfahrens stehen auf der Planungsstelle 07.1.02.677100 zur Verfügung.

Die weiteren Mittel für den Abbruch des alten Thermalbades und den Neubau eines Thermalbades sind im Doppelhaushaltsplan 2017/2018 und in der mittelfristigen Finanzplanung bis 2020 zu veranschlagen.

3. Für den Neubau sind folgende Rahmenbedingungen zu beachten:
a. Die Positionierung (Nähe zum Badehaus) und die Ausrichtung des Baukörpers sind so zu gestalten, dass eine Anbindung an den Sprudelhof mit möglichst geringem baulichen Aufwand umgesetzt werden kann.
b. Der autark zu errichtende Thermenneubau inklusive Sauna soll vor einer gewünschten Anbindung an den Sprudelhof in Betrieb gehen. Als Termin der Inbetriebnahme ist das dritte Quartal 2020 anzustreben.
c. Der gesamte Wellnessbereich sowie zusätzliche Ruheräume sind im Badehaus 2 in Anlehnung an das Grundrisskonzept „Neubau mit Sprudelhof" einzurichten. Ferner ist dort ein Therapiebereich vorzusehen.

4. Bezüglich der Anbindung des Sprudelhofes sind vom Magistrat unverzüglich mit allen Beteiligten der Stiftung Sprudelhof dahingehend Verhandlungen zu führen, wann und unter welchen Konditionen die Anmietung des Badehauses 2 für die vorgesehene Nutzung (siehe Punkt 3c) möglich ist.

Ja 32, Nein 10, Enthaltung 1

5. (Formalien)

6. Parallel zu Punkt 4 sind mit den im Badehaus 2 aktiven Vereinen Gespräche zu führen, mit dem Ziel, eine alternative Spielstätte nach bestehendem Partnerschaftsmodell einzurichten, in der ein Angebot an äquivalenten kulturellen Veranstaltungen aufrechterhalten wird, sobald das Badehaus 2 für besagten Zweck nicht mehr zur Verfügung steht.

Der Finanzbedarf ist schnellstmöglich zu ermitteln und im Haushalt einzustellen.

Ja 33, Nein 0, Enthaltungen 10

In der Parlamentssitzung am 15. Oktober 2016 forderte der CDU-Fraktionsvorsitzende den Magistrat auf, gemeint war der Bürgermeister, den Entscheidungsprozess *„nicht mehr zu blockieren, keine falschen Gutachten vorzulegen und endlich konstruktiv mitzuarbeiten."* Vom Bürgermeister war ein lautes „Unverschämtheit" zu vernehmen. Voller Leidenschaft sprach er sich gegen den Neubaubeschluss aus, auch im Sinne der Erststadträtin (Kämmerin), die schon im August 2010 anlässlich des Neubau-Vergabeverfahrens Zweifel an der finanziellen Machbarkeit einer neuen Therme geäußert hatte (WZ 2.9.2010).

Und nun sollen beide, Bürgermeister und Erststadträtin (Kämmerin) mit allen beteiligten Stellen den Neubau verhandeln, obwohl sie davon nicht überzeugt sind, ja mehr noch, gegen den sie aktiv gewirkt haben. Redakteur Klühs hat, wenn es um die Therme geht, besonders empfindliche Ohren. Er meinte auf dieser Sitzung Zwischentöne gehört zu haben, die eine Fortsetzung des „Therme-Dramas", so Altbürgermeister Witzel, oder der „Lachnummer", so FDP-Abgeordneter Heidt, garantieren. Klühs sah auch nach diesem Beschluss das Thema Therme noch längt nicht in trockenen Tüchern. Sollte er recht behalten? (WZ 15.10.2016)

Einige Tage später machte er darauf aufmerksam, dass der Bürgermeister und mit ihm die Erststadträtin (Kämmerin) Beschlüsse umsetzen sollen, die sie vehement zu verhindern versuchten. *„Es kann passieren, dass nichts passiert“*, überschrieb er einen Artikel nebst Kommentar mit der Überschrift „Völlig verfahren“. Damit meinte er, dass bis zur Bürgermeisterwahl im Mai 2017 Stillstand im Thermenprozess eintreten könnte, denn wer engagiert sich schon für ein Thema, bei dem die Motivation fehlt. Die Motivationstheorie lehrt: Ein Mensch wird nur aktiv, um etwas zu gewinnen oder Nachteile zu vermeiden.

Fünf Wochen nach dem Neubaubeschluss fand eine (nachgeschobene) Bürgerversammlung statt. Bürgermeister und Erststadträtin (Kämmerin) versicherten, dass sie trotz ihrer inneren Ablehnung eines Neubaus, den Beschluss des Parlaments akzeptieren und die Verhandlungen mit allen beteiligten Stellen engagiert führen würden.

Zu diesem Zeitpunkt meldete sich nochmals Bad Nauheims „Thermenrenommist“, der ehemalige Marketingchef der Stadt, per Leserbrief. Er appellierte an die Kurverwaltung „jetzt umgehend zu handeln“ und das im Sinne seines früheren Appells „nicht kleckern, sondern klotzen“. Warum richtete er seinen Appell an „Kur & Müll“ und nicht an die Politik? Im Rathaus werden Entscheidungen gefällt, nicht aber bei Straßenkehrern und Bademeistern. Im Oktober hatte er bereits einen vierspaltigen Leserbrief geschrieben. Sein Credo: Der Stadt entgehen Millionen, wenn sie nicht *sofort* handelt. Seine Empfehlung: Turboaktionismus mit Alles- und Sofortkleber.

Völlig verfahren

Gegen seine eigene innerste Überzeugung argumentieren, mit allen erlaubten Mitteln eine Lösung herbeiführen, die man gar nicht will – eine solche Verhaltensweise widerspricht der menschlichen Natur. Doch genau das wird von Bürgermeister Armin Häuser verlangt, wenn es um die Thermen-Zukunft geht. Er hat sich sehr emotional und rhetorisch beschlagen unmissverständlich gegen die Anbindung des Badehauses 2 an eine neue Therme ausgesprochen. Jetzt soll er mit den anderen Beteiligten optimale Bedingungen für eben diese Ankerlösung aushandeln.

Kann es unter diesen Bedingungen in den elf Monaten bis zum Ausscheiden des Rathauschefs überhaupt entscheidende Fortschritte bei diesem wichtigsten Projekt der kommenden Jahre geben? Eher nicht. Und Alternativen sind nicht in Sicht. Diese entscheidenden Gespräche können nur Häuser oder Erste Stadträtin Nell-Düvel führen, beide sind sich aber einig in ihrer Ablehnung des Parlamentsbeschlusses. Eine völlig verfahrene Situation, aus der es offenbar keinen Ausweg gibt. Klar ist nur soviel: Ein weiteres Jahr Stillstand in Sachen Therme wäre für die Stadt eine Katastrophe.

Bernd Klühs

Ein Adliger als Retter in der Not

Nachdem der Bad Nauheimer Karren so richtig im Dreck steckte, wollte ihn kein CDUler mehr herausziehen. Im November musste die Partei kleinlaut eingestehen, dass sie keinen Kandidaten für die Bürgermeisterwahl im Mai 2017 gefunden habe. Zwar soll es eine Bewerbung des früheren Leiters der Kur- und Servicebetriebe gegeben haben, aber das wollte die CDU weder bestätigen noch verneinen. Obwohl Mitglied der CDU, hat er Bad Nauheim nicht im besten Einvernehmen verlassen. Sein Wissen könnte für so manchen politischen Ortsakteur unangenehm werden.

Welch ein Glück: Nachdem die Suche nach einem Bürgermeisterkandidaten erfolglos verlaufen war, fand die CDU dann doch noch einen Mutigen, der sich bereit erklärte, die CDU im Wahlkampf zu vertreten. Der Mutige war zwar ein kommunalpolitischer

Nobody, aber immerhin ein Adliger. Freiherr Alexander von Bischoffshausen wurde aus dem Hut gezaubert. Der Herr Baron, so die baltische Titulierung, hatte im November an der Parteiversammlung teilgenommen und erlebt, dass keiner seiner Parteifreunde Stadtoberhaupt werden wollte. *„Weil ich jetzt zeitlich dazu in der Lage bin, habe ich mich gemeldet."* Obwohl er über keinerlei kommunalpolitische Erfahrung verfügt, wurde er nominiert. Der CDU sprach von einem überaus „kompetenten Kandidaten". Das Wissen und Können für das Bürgermeisteramt hat er als Mitglied im Kirchenvorstand des Ortsteils Schwalheim erworben. Sein Berufsweg als Jurist führte über die Treuhandanstalt und die Kreditanstalt für Wiederaufbau. Dort war er mit juristischer Zuarbeit beschäftigt, anschließend lange arbeitslos. Ich bin sicher, wenn sich ein Schimpanse als Kandidat angeboten hätte, wäre dieser nominiert worden, Hauptsache er hat ein CDU-Parteibuch. Mit diesem „Qualifikationsnachweis" wird er das Thermendesaster einem glücklichen Ende zuführen. Irgendwie fühlt man sich an Butzbach erinnert, wo der Sohn des CDU-Landtagspräsidenten Geschäftsführer der städtischen Wohnungsbaugesellschaft wurde, obwohl er über keinerlei Fachwissen verfügte. Auch hier reichte das CDU-Parteibuch als Qualifikationsnachweis.

Ein Interview, das keine Antworten gab

Am17. November 2016 erschien in der Wetterauer Zeitung ein langes Interview mit einem CDU-Parlamentarier namens Schmidt. Der Mann scheint der Fachreferent für das Thema Therme zu sein. Was sagte er Neues? Nichts. Er sprach einige Punkte an, die selbstverständlich waren, so beispielsweise die Bedeutung von Betriebskosten. Die spürt schließlich jeder Autohalter in seinem Portemonnaie. Defizite können durch Einnahmen aus Gastronomie, Wellness und Sauna gemindert werden. Richtig. Auf die Frage des Interviewers Bernd Klühs, warum CDU und FW/UWG eine

Termindesaster

Terminverkün-digung	Genannte Bau- oder Fertigstellungstermine einschl. Sprudelhof
06/2006	**2010** Thermeneröffnung
11/2007	**2010** Thermeneröffnung nach der Landesgartenschau
12/2007	**2008** Komplettsanierung Sprudelhof bis **2012**
11/2008	**2013** Thermeneröffnung
03/2009	**2010** Baubeginn, **2013** Eröffnung
Sommer 2010	**2012** Baubeginn
02/2011	**2014** Thermeneröffnung
08/2012	**2015** Thermeneröffnung
Frühjahr 2013	**03/2015** Abriss Alttherme; **09/2016** Thermeneröffnung
07/2014	**2015** Sanierungsbeginn Sprudelhof, **2020** Sanierungsende
11/2014	**2018** Thermeneröffnung
09/2015	**2016** Baubeginn
04/2016	**2020** Thermeneröffnung
10/2016	**2020** 3. Quartal Thermeneröffnung

Befragung der Gutachter der Deutschen Sportstätten- und Planungsgesellschaft in der Bauausschuss-Sitzung verhindern wollten, antworte der Befragte merkwürdig ausweichend: *„Weil klar war, dass die Gutachter einen Therme-Neubau ohne Anbindung an das Badehaus 2 empfehlen."* Was stand denn in der Auftragserteilung? Hier hätte die Möglichkeit bestanden, Unstimmigkeiten zu klären und die Auftragnehmer an das gesetzte Thema zu erinnern. Wer so sehr die Risikominimierung betont wie Herr Schmidt (vgl.

Kapitel 2014, Neubau adieu, Sanierung ja), hätte sich die Begründungen der Gutachter anhören müssen. Andere Meinungen helfen, die eigene Argumentation zu überprüfen und zu schärfen.

Die Gutachter kamen zu diesem Schluss:

„Unter Alleinstellungsaspekten sollte man die Variante mit Sprudelhof vorziehen, jedoch sprechen 5,8 Millionen mehr Zuschuss über die Betriebszeit wie auch die Hemmnisse der Realisierung dagegen. So kommt man zu der Handlungsempfehlung, dass die Variante ohne Sprudelkopf die ökonomischere und realisierbarere ist und daher zu bevorzugen ist."

Schon im Oktober hatte der CDU-Fraktionsvorsitzende Jordis Zweifel an der Professionalität der Gutachter geäußert. *„Es sollte eine Wirtschaftlichkeitsprognose für ein kleines, feines Thermalbad erstellt werden, das 18 Millionen Euro kostet. Dieser Auftrag wurde nicht erfüllt"* (WZ 8. Oktober 2016). Also, der Werksvertrag wurde nicht erfüllt. Wurde die Rechnung ohne Nachbesserungsaufforderung bezahlt? Falls ja, dann wurde die Leistung vertragsgemäß erfüllt.

Diplom-Kaufmann Schmidt erwähnte in diesem Interview das weiter vorne benannte Gutachten aus dem Jahre 2012. Darin wurde ein Neubau mit Anbindung an den Sprudelhof als wirtschaftlichste Variante angesehen. Man brauchte offensichtlich vier Jahre, um zu erkennen, dass die damaligen Gutachter richtig lagen.

Schmidts Aussagen führten nur zwei Tage später zu einer heftigen Gegenreaktion der FDP. Der Fraktionsjurist Heidt nannte die Festschreibung eines Betrages von 18 Millionen Euro als völlig abwegig. Man solle von mindestens 25 Millionen ausgehen. Auch der verkündete Eröffnungstermin sei *„völlig illusorisch"*, zumal der Neubau europaweit ausgeschrieben werden müsse. Den potentiellen Bietern werde viel zugemutet, sie müssten die ganze Komplexität des Projekts durchdringen. Erschwerend käme hinzu, dass der Thermenkörper sofort gebaut würde und erst später die Anbindung an das Badehaus 2. Das beinhalte für jedweden Betreiber schwer einzuschätzende Risiken. Außerdem sei es unklug, das alte Thermalbad „unverzüglich" (siehe Beschlusstext) abzureißen, denn damit verlöre es seinen Bestandsschutz. Für einen Neubau seien ein umfangreiches Genehmigungsverfahren, Abstimmungen mit dem Denkmalschutz und weitere Parkplätze erforderlich. Heidt sah eine Kostenlawine auf die Stadt zurollen (WZ 19.11.2016).

Der vorerst letzte Akt im Stadttheater

Bad Nauheim benötigt eigentlich kein Theater, denn das wird im Parlament einmal monatlich gespielt. Die Hauptakteure sind der Ex-Bürgermeister und sein Nachfolger, der aber schon im September 2017 Ex-Bürgermeister sein wird. Besonders gelungen war das Stück „Der Abriss", bei dem es um den Abbruch der leerstehenden Thermenhülle ging. Wenn zwei sich streiten freut sich der Dritte, besonders wenn der Streit mit Beleidigungen und Abmahnungen des Stadtverordnetenvorstehers gewürzt wurde. Das war am 26. Januar 2017 der Fall. Schnellstmöglich sollte der leerstehende Glaskasten abgerissen werden, so wie im Oktober 2016 einstimmig beschlossen.

Kurz zuvor hatte der Magistrat das Thema auf der Tagesordnung. Einige Mitglieder der FW/UWG weigerten sich plötzlich, den von ihnen im Oktober 2016 mitgetragenen Beschluss des „schnellen" Abbruchs des Altgebäudes umzusetzen. Eine Ausschreibung hätte auf den Weg gebracht werden müssen. Man befürchtete bautechnisch bedingte Mehrkosten im Zusammenhang mit der entstehenden Baugrube und der eventuellen späteren Anbindung der neuen Therme an das Badehaus 2. Jede Seite, die Abrissbefürworter und die Abrissverhinderer, hatte ihre Argumente. Der Fall musste zurück in das Parlament, das nun anstelle des Magistrats entschied.

Der Fraktionschef der FW/UWG erklärte das Verhalten seiner abtrünnigen Parteifreunde damit, dass sie in der kommunalen „Ministerrunde" durch „falsche" Argumente verunsichert wurden. Argument kommt vom Lateinischen *argumentum* = Beweismittel. Die Abtrünnigen schienen sich ihrer Meinung vom Oktober 2016 nicht mehr sicher und erwiesen sich als leicht beeinflussbar, und das bei einer Entscheidung, bei der es um mehr als 20 Millionen Euro geht. Die Parlamentsmehrheit entschied mit 30 zu 10 Stimmen, dass sie die „richtigen“ Argumente hat. FDP und Grüne hatten mit ihrer Befürchtung eines „Millionengrabes“ die „falschen“ Argumente. *„Bedauerlicherweise gibt es Betonköpfe im Magistrat, die nicht über ihren Schatten springen“* meinte der CDU-Fraktionssouffleur Jordis, womit er seine Koalitionspartner meinte (WZ 28.1.2017).

Diese Aufführung des Parlamentstheaters mag den WZ-Redakteur Klühs zum nachstehenden Kommentar animiert haben.

Kommentar Wetterauer Zeitung, 28. Januar 2017

Koalitionskrise

Seit neun Monaten schleppt sich die UWG/ CDU-Koalition in Bad Nauheim mehr schlecht als recht dahin, jetzt steckt das Bündnis endgültig in der Krise. CDU-Bürgermeister und CDU-Parlamentsriege haben sich fast nichts mehr zu sagen, der christdemokratische Fraktionschef Jordis beschimpft die Stadträte seines Bündnispartners (darunter UWG-Vorsitzender Weiße) als Betonköpfe, innerhalb der Freien Wähler gibt es völlig unterschiedliche Ansichten zu wichtigen Fragen. Das Zerwürfnis der Partner wäre nicht weiter tragisch für die Stadt, würde derzeit nicht das wichtigste Investitionsvorhaben der nächsten Jahrzehnte anstehen. Wenn über ein läppisches Thema wie den Zeitpunkt des Therme-Abrisses schon keine Einigkeit erzielt werden kann, was ist dann erst zu erwarten, wenn es um die wirklich wichtigen Punkte des Projekts geht? Nicht Gutes, es sei denn die Koalition reißt sich endlich zusammen, es sei denn, der tiefe Riss zwischen Magistrat und Parlament wird endlich gekittet. Danach sieht es nicht aus. Vielleicht kann erst wieder vernünftig zusammengearbeitet werden, wenn der Bürgermeister-Wahlkampf vorbei ist, wenn ein Neuanfang mit einem neuen Rathauschef und einem neuen Ersten Stadtrat gemacht wird.

Bernd Klühs

C. Pleiten, Pech und Pannen

Die folgende Aufzählung von notleidenden oder insolventen Bädern erhebt keinen Anspruch auf Vollständigkeit. Es handelt sich
um eine Zufallsstichprobe bei Google mit der Worteingabe
„Therme" und „Insolvenz". Anhand der genannten Bäder kann sich
der Leser selbst ein Bild vom Sachverhalt, beziehungsweise dem
jeweils genannten Bad machen. Die Ursachen sind immer wieder
1. insolvente Investoren, 2. zu hohe Betriebskosten, 3. rückläufige
Besucherzahlen, wobei sich diese Faktoren vielfältig bedingen und
zusammenwirken.

Wenn es stimmt, was Bäderkönig Wund sagt, dass von den 4.000
deutschen Bädern nur 12 verlustfrei arbeiten, muss das nachdenk-
lich stimmen. Tatsache ist, dass nach der großen Thermenblüte in
den frühen 1980er-Jahren nun das große Thermensterben eingesetzt hat. Das betrifft insbesondere die vielen Spaßbäder in den
neuen Bundesländern. Aber auch in den alten Bundesländern gras-
siert der Pleitenvirus, vor allem in Nordrhein-Westfalen. Wer hier
einwendet, dass viele der Insolvenzen PPP-Thermen betraffen, darf
nicht übersehen, dass viele stadteigene Bäder nicht weniger pleite
sind, aber die Kommunen mit ansteigenden Zuschüssen stützend
eingreifen, um die Schließung zu vermeiden.

Augsburger Allgemeine 29.7.2015
Königstherme meldet Insolvenz an
Eigentümer der Königstherme hat Insolvenzantrag gestellt

der standard.at 2.10.2015
Obersteirische Grimming-Therme insolvent
Fortbetrieb und Arbeitsplätze laut Betrieb gesichert

NRZ 16.11.2015
Niederrhein-Therme in Duisburg droht erneut Insolvenz

Bayreuth 2016
Stadtwerke: Thermeninsolvenz trübt Bilanz

Werra-Rundschau, 2016
Zukunft der Werratal-Therme
Jährliches Defizit 2,3 bis 2,5 Millionen Euro.

Thüringer Allgemeine 16.3.2016
Saalemaxx in Rudolstadt: Jährliches Defizit von 500.000 €
Therme vor der Insolvenz?

Rhein-Zeitung 21.1.2014
Ahr-Thermen: Vom Vorzeigeprojekt zum Klotz am Bein
Badelandschaft der Ahr-Thermen in Bad Neuenahr-Ahrweiler
geschlossen.

Süddeutsche Zeitung 28.8.2015
Bad Tölz: Schluss mit lustig. Alpamare schließt
Megatherme Erding jagt Bad Tölz die Gäste ab

Mainz 9.9.2016
Taubertsbergbad pleite
Betreiber meldet Insolvenz an

Volksstimme.de 12.5.2012
Bodetal-Bad: Thale drohen Millionenverluste
Land fordert Fördermittel zurück

NGZonline 13. April 2010
Dormagen: Römer-Therme auf der Kippe
Die Stadt soll nun einspringen

Werder (Potsdam) 2016
Blütentherme jetzt im Schwarzbuch der Steuerzahler
Etat aufgebraucht. Investor verlangt Nachschlag.

Südkurier 10.02.2014
Colani-Therme endgültig zu den Akten
Geduld der Stadt aufgebraucht

.

Flensburger Tageblatt 16.1.2015
Muss Glücksburgs Fördelandtherme schließen?
Sparversuche greifen nicht

DER TAGESSPIEGEL / Brandenburg
Ein Spaßbad in Nöten
Fünf Jahre nach der Eröffnung droht der Naturtherme Templin
die Insolvenz. Neun Millionen Euro wären zur Sanierung nötig.

Wormser Zeitung 30.10.2004
Umsatz-Erwartungen sind baden gegangen
Dem 18 Millionen Euro teuren Mainzer Taubertsberg-Spaßbad
fehlen die Gäste / Nachbesserungen geplant

Süddeutsche Zeitung 14.08.2002
Der Spaß wird zu teuer
Die Thüringer Gemeinde Tabarz kann Zins und Tilgung für ihr
staatlich gefördertes Erlebnisbad nicht mehr aufbringen

Saarbrücker Zeitung 22.04.2002
Im Calypso gehen die Euro baden
Die einstigen Kostenpläne werden um mehr als vier Millionen
Euro überschritten

DIE WELT 10.04.2002
Spaßbad "Samoa" musste Insolvenz beantragen
Eines der größten Spaßbäder in Norddeutschland, das "Samoa"
in Warnemünde, hat nur 13 Monate nach seiner Eröffnung
Insolvenz angemeldet

taz 27.03.2002
Beim Spaßbad hört der Spaß jetzt auf
Jetzt sind viele Bäder pleite und die Kommunen haben ein Problem
mehr

Nordbayerische Nachrichten 25.04.2001
Thermen Misere: Staatsanwalt stellt knapp 60 Akten sicher
Badespaß kommt teuer

Westline 25./26. Januar 2001
Aquadrom meldet Konkurs an

WAZ vom 15.06.1999
Velberter erteilen "Waikiki" eine Absage
Pläne für Spaßbad Parkstraße sind vom Tisch

an-online: Nachrichten 12.12.1999
Bürgerentscheid mit hoher Beteiligung. Spaßbad ist vom Tisch
89 Prozent gegen Spaßbad

Aachener Zeitung 22.12.1999
Aquana für eine Mark gekauft
Stadt sitzt jetzt allein im Boot

Flensburger Tageblatt 27.01.2000
Spaßbad "Aqua Top" vor der Schließung

Kölner Stadtanzeiger 16.07.2000
Freizeitbäder boomen. Wenn Kommunen baden gehen
Gemeinden graben einander das Wasser ab

Leipziger Volkszeitung 30. Juli 2000
Von "Platsch" bis "Basso" - Spaßbädern vergeht der Spaß
Geringe Auslastung drückt die Stimmung / Vielen steht wirt-
schaftlich das Wasser bis zum Hals

Flensburger Tageblatt 21.11.2012
Das Campusbad ist pleite
Der Campusbad-Betreiber hat am Dienstag Insolvenz
angemeldet.

Sylter Rundschau 12.02.2011
Pleite mit Public Private Partnership
Wie der Keitumer Ortsbeirat Urlaubern die Thermen-Ruine auf
dem Kliff erklären will

Sylter Rundschau 11.09.2010
Therme: Abriss kostet 520.000 Euro

Lausitzer Rundschau 25.02.2009
Cottbuser Schwimmbad Lagune ist pleite
Der Betreiber des Cottbuser Bades Lagune hat Insolvenzantrag
gestellt.

szon.de
Im Pannenbad "Atlantis" versickern Millionen
Die Generalsanierung des zehn Jahre alten Badetempels ver-
schlingt voraussichtlich zehn Millionen Euro.

http://www.kurier.at/nachrichten/burgenland/133271.php
Ebbe in so manchen Wellness-Tempeln
Neue Ideen sind gefragt. Der Thermenboom ist vorbei.

Quelle: http://ooe.orf.at/stories/257088/ 15.02.2008
Obernberger Thermenprojekt in Konkurs
Ein Schuldenberg von 12,6 Mio. Euro hat ein Thermenprojekt
zur Konkursanmeldung gezwungen.

MDR 1 Radio Thüringen 17.08.2007
Insolvenz
Oberhofer Spaßbad gerät ins Trudeln

Quelle: Märkische Allgemeine 19.08.2006
Nebelbomben und der Ruf: Staatsanwalt.
Streit um die Bad-Millionen spitzt sich zu.

Lübecker Nachrichten online 07.01.2006
Trittaus Traum von einer Wellness-Oase ist geplatzt
Die geplante Wellness-Oase in Trittau wird nicht gebaut.

Wormser Zeitung 30.10.2004
Umsatz-Erwartungen sind baden gegangen
Dem 18 Millionen Euro teuren Mainzer Taubertsbergbad fehlen
die Gäste

Stormaner Tageblatt 29.12.2006
Thermalbad abgeschmettert
Bürger entscheiden gegen Wellness-Bad, Bad Oldesloe

WELT AM SONNTAG 15.01.2006
Letzte Chance für Tropen-Hallenbad
Weitere 15 Millionen Euro Fördergeld und ein modifiziertes
Konzept sollen das Spaßbad Tropical Islands in der Lausitz retten

D. Was nun? Fragt den Bürger!

- Die Krise der Demokratie
- Folgen der Politikverdrossenheit: Ohne mich
- Thermendiskussion im Internet. Warum nicht?
- Das Internet-Praxisbeispiel Esslingen
- Bürgerversammlungen: Muster ohne Wert
- Betroffene zu Beteiligten machen
- Mut zu einer ‚deliberativen‘ Kommunalpolitik
- Vor lauter Wald keine Bäume mehr sehen
- Kluge Parlamentarier, dummes Volk
- Gelostes Bürgerparlament plant Therme
- Mein Rat: Bürgerentscheid

Die Krise der Demokratie

„All politics is local" schrieb der ehemalige Sprecher des US-Repräsentantenhauses O"Neill. Demokratie beginnt vor Ort, dort, wo die Bürger leben. Darum spricht man auch vom „Basislager der Demokratie". Kommunalpolitiker sind sichtbar und ansprechbar. Man kennt sich, man begegnet sich, man musiziert oder betet gemeinsam in der Kirche. Kommunalpolitik ist überschaubar. Straßenbau, Kindergartengebühren, Spielplätze und Grundsteuern sind Themen, die vor der eigenen Haustür stattfinden. Hier ist der demokratische Diskurs in der Gemeinde schonender als im Landesparlament oder im Bundestag.

Berlin ist weit weg. Viele der dort verabschiedeten Gesetze sind schwer überschaubar, anders in der Gemeinde. In ihr haben Menschen ihren ersten persönlichen Kontakt mit Parteien. Das Klima ist persönlich. Viele Kommunalpolitiker von CDU und SPD kennen sich lange, teilweise seit der Schulzeit, man duzt sich, begegnet sich beim Einkaufen, im Sportverein und die Kinder besuchen dieselbe Schule. Die Stadtfläche einer 30.000 Einwohner-Stadt schafft Tuchfühlung.

Der übergeordnete Rahmen des demokratischen Geschehens ist im Großen, wie im Kleinen, gleich. Parteien stellen Kandidaten auf, die als Repräsentanten ihrer Partei für ein Programm wirken. Deshalb spricht man auch von der „Repräsentativen Demokratie".

Dieses Modell ist in seiner heutigen Form etwa 250 Jahre alt und verbraucht. Es war das Herrschaftsmodell des aufkommenden Bürgertums und des kapitalistischen Wirtschaftssystems. Aber Bürgertum und Kapitalismus befinden sich im Prozess der Transformation. Der Wähler fühlt sich von den Repräsentanten der repräsentativen Demokratie längst nicht mehr vertreten. Zwar sind die demokratischen Institutionen intakt, aber ermöglichen nur eine sehr begrenzte Volksherrschaft. Parteien und Parlamente koppeln sich immer mehr von ihren Milieus ab.

Noch nie in der deutschen Nachkriegsgeschichte stieß die politische Klasse auf so viel Ablehnung wie heute, und das nicht nur in

Deutschland. Sie hat das Ansehen von Gebrauchtwagenhändlern. Statt Autos verkauft sie Mogelpackungen.

Der Bürger reagiert mit Politikverdrossenheit. Er interessiert sich zwar noch für Politik, das aber in der von der „Heute Show" und Urban Priol verabreichten Form. Kabarettisten drücken das aus, was die Menschen denken. Politikverdrossenheit entsteht durch die Erfahrung, dass auch die Kreuze auf dem Stimmzettel nichts verändern. Die Wähler reagieren, indem sie sich der großen Gruppe der Nichtwähler anschließen oder dem Populismus ihr Vertrauen schenken. Publizistik und politische Wissenschaft sprechen von der „Krise der Demokratie". Donald Trump, Alternative für Deutschland und Jean Marine Le Pen sind Alarmsignale, die Anlass zum umfassenden Relaunch unseres Demokratiemodells geben.

In der Politikverdrossenheit stecken große Gefahren für unser Gemeinwesen. Natürlich wissen unsere Politiker um dieses Problem. An jedem Wahlabend beklagen sie die steigende Zahl der Nichtwähler und beschwören Abhilfe. Immer wieder wird der Neuanfang verkündet. *"Wir haben die Lektion verstanden"*, hört man aus dem Munde der ansonsten eher schwerhörigen Politiker. Man wird zukünftig alles besser machen und setzt schon einen Tag später sein „business as usual" fort. In Bad Nauheim gingen 2016 nur noch 45 Prozent der Wähler zur Kommunalwahl, 4,6 Prozent weniger als bei der Wahl zuvor. Da half auch kein Panaschieren und Kumulieren. Unsere Abgeordneten sind nicht einmal von der Hälfte der wahlberechtigten Einwohner gewählt worden. Woanders sieht es auch nicht besser aus. Die Demokratie verödet und das selbst auf kommunaler Ebene.

Der Leser fragt, wie das Thermendesaster hätte abgewendet werden können. Vorausdenkende Bürger wollen wissen, was geschehen muss, um die Fortsetzung dieser Malaise zu verhindern.

Bad Nauheim hatte sich schon mit der Landesgartenschau 2010 in die finanzielle Sackgasse manövriert. Das war ein teures Vergnügen, denn die Stadtschulden verdoppelten sich. Die Bürger hatten ihre Freude an der Blumenpracht, aber zahlen jetzt über Grund- und Gewerbesteuer die Zeche. Was ist geblieben? Ein gerupft wirkender Park, für den ein Wald geopfert wurde.

Wer zahlt zukünftig die Zeche für das neue Thermalbad? Nicht diejenigen, die eine neue Therme fordern. Damit meine ich unsere Rentnergeneration, die gerade noch an der Altersarmut vorbeischrammt. Aber was wird in zehn oder zwanzig Jahren sein, wenn zwei Berufstätige einen Rentner alimentieren und als kleine Zugabe die Restschulden für die Therme abtragen müssen?

Der Thermenneubau ist ein Projekt von großer Tragweite. Er kann und darf nicht allein auf der Grundlage einer parlamentarischen Mehrheit ohne aktive Beteiligung der Bürger entschieden werden. Mit Beteiligung meine ich mehr als Bürgerversammlungen oder das Recht, in Ausschusssitzungen Mäuschen spielen zu dürfen. Beteiligung heißt für mich Mitwirkung und Nutzung des in der Stadt angesiedelten Wissens und Könnens von Menschen. Was modern geführte Unternehmen schon seit Jahren im Rahmen von Veränderungsprozessen nutzen, empfiehlt sich ebenso für das Thermenprojekt und überhaupt als Blaupause für komplexe Planungsprozesse. Meine Überlegungen dazu skizziere ich weiter hinten in diesem Kapitel. Es handelt sich um Rezepte. Wie gut sie gelingen, hängt von den Köchen ab.

Folgen der Politikverdrossenheit: Ohne mich.

Kommunalpolitik ist Sache der Parteien. Das aber sind schlecht beleumundete Organisationen, einschließlich ihrer Repräsentanten. Wer begibt sich schon gerne in diesen gesellschaftlichen Schmuddelbereich? Als Kommunalpolitiker wird man per Fraktionszwang zu unpopulären Entscheidungen und damit zu Entschuldigungen gegenüber seinen Nachbarn und Vereinskameraden gezwungen. Das war in Bad Nauheim 2014 der Fall, als die Grundsteuer exorbitant angehoben wurde. Es gab Parlamentarier, die ihren Nachbarn und Freunden erklärten, dass sie eigentlich gegen die

Steuererhöhung waren, aber der Faktion folgen mussten. Das ist verständlich, wenn das Rückgrat fehlt.

Die Krise der Demokratie ist die Krise der Parteien. Der Aderlass an Mitgliedern vollzieht sich unaufhörlich, auch in Bad Nauheim. SPD und Grüne haben die Größe von Kaffeekränzchen. Es fehlt an Quantität und Qualität. Der ortskundige Wähler wirft einen Blick auf die Kandidatenliste, schüttelt mit dem Kopf und beschließt „Ohne mich!".

Man darf sich nicht wundern, wenn immer weniger Menschen bereit sind, sich kommunalpolitisch zu engagieren. Die Namen auf den Wahlscheinen zeigen, wie mühselig es ist, auch in Bad Nauheim qualifizierte Kandidaten für die Mitarbeit zu gewinnen, sofern diese überhaupt verfügbar sind. Die SPD musste vor einigen Jahren einen Bürgermeisterkandidaten, einen lupenreinen Schwätzer und Blender, aus Mockstadt importieren, der zum Glück nicht gewählt wurde. Stattdessen saß er zweieinhalb Jahre hinter schwedischen Gardinen. Der CDU fehlte im Herbst 2016 ebenfalls ein geeigneter Kandidat. Eine auf der Mitgliederversammlung zufällig anwesende Karteileiche, ein arbeitsloser Jurist ohne jede kommunalpolitische Erfahrung, aber mit Adelstitel, wurde Ende November nominiert und das auf eine Art und Weise, die an einen Elternabend erinnert, auf dem mühsam Elternvertreter gesucht werden.

Eines der Hauptprobleme der begrenzten parteipolitischen Aktivität von Bürgern ist deren mangelnde Abkömmlichkeit. Wer morgens in die Frankfurter Finanz- und Dienstleistungswelt pendelt, oft zehn und mehr Stunden unterwegs ist, wer zu einem Zweitjob gezwungen ist, um die Familie über Wasser zu halten, wer einen Haushalt mit Mann und zwei Kindern führt, ist vielfältigen Restriktionen ausgesetzt, die ein politisches Engagement erschweren. Die interessanten Leute haben interessante Jobs, die ihnen Erfüllung geben oder sie stark fordern. Da bleibt keine Zeit und Energie für ein kommunalpolitisches Engagement.

Man darf auch nicht übersehen, dass sich die Kommunalpolitik in Konkurrenz zu anderen örtlichen Betätigungsfeldern befindet, zur Feuerwehr, zum Kunstverein, zur Kirchengemeinde, zum Sportverein, zu den Landfrauen, um nur einige Bespiele zu nennen. Kommunalpolitik bedeutet Arbeit und Verantwortung.

Die Medienwelt lenkt die Blicke in die weite Welt, nicht nur geografisch. Vor allem junge Menschen definieren sich kosmopolitisch. Kommunalpolitik hat etwas Provinzielles. Sie richtet den Blick in die Kommune, in das Kleine und Überschaubare, das Vertraute. Ihr fehlt das Besondere, das Weite und Spektakuläre, das, bei dem man „geil" ausruft. Das ist bei den bürokratischen Ritualen von Vorlagen, Erklärungen der Parteien, Berichten und Abstimmungen, den Kurzstreckenläufen vom Parlamentssitz zum Rednerpult, dem dutzendfachen Zungenbrecher „Herr Stadtverordnetenvorsteher", fast unvorstellbar. Wen wundert es, wenn junge Menschen dem Parlament fern bleiben.

Thermendiskussion im Internet: Warum nicht?

Wenn die Stadtpolitik tatsächlich an umfassender Information und Transparenz und damit an einer Legitimierung ihrer Entscheidungen zum Thema Therme/Sprudelhof interessiert gewesen wäre, hätte sie die vielfältigen Möglichkeiten des Internets nutzen können. Das Mindeste wäre ein Webforum oder eine Ergänzung der stadtoffiziellen Internetplattform gewesen, auf der alle relevanten Informationen übersichtlich angeordnet einsehbar sind. Ich denke hierbei an Wirtschaftlichkeitsgutachten, Beschlüsse, Entwürfe von Architekten, Stellungnahmen von interessierten Gruppierungen, wie dem Theater, der Rheumagruppe, dem Jugendstilverein oder der Bürgerinitiative Therme, die sich sehr engagiert für eine Sanierung einsetzte. Hier hätten Bürger ihre Meinung, Bedenken oder auch Vorschläge im Rahmen von Postings platzieren und sich mit anderen austauschen können. Onlineaffinen Stadtverordneten böte sich hier die Möglichkeit, an Diskussionen teilzunehmen. Noch besser wäre, wenn sich Bürger via Plattform direkt, offen und transparent an Stadtverordnete wenden könnten und diese ebenso direkt, offen und transparent antworten würden.

Ein solches Internetforum hätte sich im Rahmen des Thermenprojekts als wertiges Kommunikationsmittel angeboten. Bürgerversammlungen und Expertendiskussionen, ja selbst Mediationsverfahren, können online erfolgen. Internetforen dienen dem Informationsaustausch und multiplizieren diesen. Ein Website-Moderator hätte die digitale Diskussion in geordnete Bahnen gelenkt und für Lokomotion und Kohäsion des Diskussionsprozesses gesorgt. Das wäre selbst jetzt noch ein produktives Betätigungsfeld für das Agenda-Beauftragen der Stadt, falls es diesen überhaupt noch gibt.

Das Internet-Praxisbeispiel Esslingen.

In Esslingen wurde schon vor mehr als einem Jahrzehnt ein online-basiertes Partizipationsprojekt realisiert. Es ging um ein Neubaugebiet. Die Plattform hatte einen Informationsbereich und ein moderiertes Diskussionsforum. Kommunalpolitiker wurden per E-Mail über den Stand der Diskussionen informiert und aufgefordert, sich zu beteiligen. Alle Diskussionsbeiträge wurden zusammengefasst, auf die Website gestellt und den Mandatsträgern vorgestellt. Diese beteiligten sich aber kaum an der Diskussion. Als Gründe nannten die projektbegleitenden Wissenschaftler fehlende Online-Kompetenz und die Angst vor dem Kontrollverlust bei der Wirkung ihrer Aussagen.

Das Projektfazit lautete, dass BürgerInnen (aber nicht Entscheidungsträger) das Internet als Beteiligungsplattform schätzen, diese aber mit face-to-face-Treffen kombinieren möchten. Die Diskussionen verliefen sachlicher als in der Lokalpresse oder auf Bürgerversammlungen. Ein beteiligter Wissenschaftler hierzu: *„Weiter hat sich gezeigt, dass Internetplattformen hervorragend für die diskursive Aufbereitung von öffentlichen Themen und Konflikten geeignet sind.“*[2] Das gilt meiner Meinung nach ebenso für die Thermendiskussion.

---

[2] Trénel, Matthias, Oliver Märker und Hans Hagedorn (2003): "Internetge-

Onlinedemokratische Verfahren garantieren einen „barriere-freien" Zugang zu Informationen und Diskussionen. Ein deliberatives Internetforum ist ein quasi herrschaftsfreier Raum. Es ist ein Stück *Gleichheit,* denn alle Bürger können sich jederzeit und von überall beteiligen. Es wäre auch ein Stück *Partizipation,* denn im Internet sind unendlich viele Informationen verfügbar und selbst einfügbar. Da man sich in einem Informationsraum bewegt, sichert das die *Informationsversorgung.*

Ich weiß nicht, warum diese Möglichkeit in Bad Nauheim ungenutzt blieb, aber vermute, dass es ebenso wie in Esslingen an der nötigen Internetkompetenz fehlt.

Natürlich haben Online-Diskussionsforen auch ihre Schattenseiten. Wer sich beteiligt, muss seine Beiträge durchdenken und gegebenenfalls begründen. Das gilt insbesondere dann, wenn oppositionelle Meinungen diskutiert werden oder Konsens gesucht wird. Diskutanten sollten idealerweise das Gemeinwohl im Hinterkopf haben, selbst dann, wenn unterschiedliche Meinungen bestehen. Doch ein Partikularinteresse kann durchaus befruchtend wirken. Deliberation soll, muss aber nicht, Konsens schaffen.

Wie immer man zu meiner Empfehlung steht, die sozialen Medien werden uns im kommenden Jahrzehnt ein anderes Demokratiemodell aufzwingen.

<hr>

stützte Bürgerbeteiligung: Das Esslinger Fallbeispiel." S. 33-53 in Wie das Internet die Politik verändert. Einsatzmöglichkeiten und Anwendungen, Hrsg: Arne Rogg. Opladen: Leske+Budrich.

Bürgerversammlungen: Muster ohne Wert

Von den kurstädtischen Entscheidungsträgern waren immer wieder Bekenntnisse zur Transparenz, zur Information und Bürgerbeteiligung zu hören. Gesagt ist aber nicht getan und getan ist nicht beibehalten. Die Informationen zur Therme wurden auf jährlich eine Bürgerversammlung beschränkt. Hierbei handelte es sich um Frage-Antwort-Foren. Vorne am Tisch saßen, ähnlich einer Gerichtsverhandlung oder einer Parteitagsbühne, die politisch maßgeblichen Akteure, die mit vielen Worten Fragen beantworteten, die in drei Sätzen beantwortet werden können. Statt eines neutralen Moderators fungierte der Stadtverordnetenvorsteher, und das natürlich im Sitzen. Bei diesen Versammlungen sah man bekannte Gesichter, die zu einem soziologisch definierbaren Kern von etwa 100 Bürgern gehören, die aus familiären, beruflichen, vereinszugehörigen, wirtschaftlichen, gesundheitlichen, kulturellen oder kommunalpolitischen Interessen eine Beziehungzum Thema Therme/Sprudelhof haben. Ich charakterisiere sie mit dem Begriff „Ortsinteressierte". Man trifft sie auch bei anderen Gelegenheiten, auf Feiern, Vereinsveranstaltungen oder als Zuhörer der Stadtverordnetenversammlung. Dort, wo sie in Organisationen tätig sind, wirken sie als Energiespender. Darin liegt ihr Wert als „Aktivbürger", der mehr leistet als der „Passivbürger".

Über den Informationswert dieser Bürgerversammlungen kann man geteilter Meinung sein. Die letzte dieser Versammlungen fand am 22.11.2016 statt, fünf Wochen nachdem der Neubau der Therme vom Parlament abgesegnet war. Im Grunde diente sie der Beschlussverkündung, was der Stadtverordnetenvorsteher auch gleich zu Beginn mittels Großprojektion tat.

Ich habe an dieser Versammlung teilgenommen und empfand sie als reine Informationsveranstaltung. Es war kein lebendiges Kommunikationsforum mit der Möglichkeit der Disputation. Die Anzahl von Fragen wurde durch den Zeitrahmen von nur zwei Stunden begrenzt. Es fragen auch nur die Menschen, die mutig genug sind, sich vor Großgruppen zu artikulieren.

Betroffene zu Beteiligten machen

Aus Expertensicht kann und darf man der Stadt einschließlich Sprudelhofstiftung ein gewisses Unvermögen hinsichtlich Informationsaufbereitung, -darstellung und -weitergabe vorwerfen. Das beweisen viele Beschwerden, die über Jahre hinweg geäußert wurden. Seit 2006 stand die Thermenerneuerung auf der stadtpolitischen Tagesordnung, das ortsgeschichtlich bedeutsamste und teuerste Projekt seit Jahrzehnten. Die Einwohner sind als Schwimmbadbesucher und Steuerzahler involviert. Sie sind zwar Betroffene, waren aber keine Beteiligten. Eine Infrastrukturmaßnahme dieser Größe darf man nicht allein auf Basis einer parlamentarischen Mehrheit realisieren. Geschieht dieses dennoch, werden Projekte, Genehmigungsverfahren und selbst die Experten, Ingenieure und Architekten in Frage gestellt.

Je mehr sich das Thermenprojekt in die Länge zog, desto schneller bröckelte das Ansehen der 45 Fraktionsmitläufer. Wenn Bürger von der Stadtverordnetenversammlung als Kasperletheater sprechen, dann drückt sich darin kein Antiparlamentarismus aus, sondern verachtende Unzufriedenheit mit den fehlenden Ergebnissen.

Die Kommunalpolitik müsste ein Eigeninteresse daran haben, ihr ramponiertes Image aufzubessern. Sie wäre selbst jetzt noch gut beraten, ihre Entscheidungen zum Thermenprojekt durch extensive Bürgerbeteiligung zu legitimieren. Dass sie das nicht tut, bezeugt ein gehöriges Maß an Selbstüberschätzung ihres Wissens und Könnens. Innere Zweifel wurden und werden durch Fraktionszwang eliminiert. Es wirkt ein gruppenpsychologischer Mechanismus, der Parlamentarier zu passiven Mitläufern macht.

Wer aber eine über Rechtsnormen hinausgehende Legitimität will, muss die Öffentlichkeit informieren und konsultieren. Genau das ist nicht geschehen, zumindest nicht in ausreichendem Maße. Entweder ist die Ortspolitik desinteressiert oder aber blind gegenüber den Entwicklungen der politischen Sozialpsychologie. Die Auseinandersetzungen um Trassenführungen, Stuttgart 21 oder zum Lärm am Frankfurter Flughafen belegen einen grundlegenden

Bewusstseinswandel der Menschen unseres Jahrzehnts. Die kurstädtischen Bürgerbescheide zur Skiwiese, zum stollschen Gewerbegebiet und der Demonstrationsumzug gegen die Grundsteuererhöhung 2014 zeigen, dass auch die kurstädtischen „Bravbürger" aus ihrer Rolle als Betroffene heraus und Beteiligte werden wollen.

Mut zu einer „deliberativen" Kommunalpolitik

Vor allem kritische Bürger beklagen den Zustand des demokratischen Gemeinwesens, insbesondere die Art der politischen Entscheidungsfindung. Sie fühlen sich ausgeklammert und beklagen, mit Floskeln abgespeist zu werden. Diese Menschen sehen keinen Sinn mehr darin, Kreuze auf einem Wahlzettel zu machen. So wächst die Gruppe der Nichtwähler.

Herkömmliche Institutionen der Demokratie wie Parteien und Parlamente leisten es immer weniger, die Ansprüche der Bevölkerung zu erfüllen. Unser Demokratiemodell muss mit neuen Partizipationsverfahren ergänzt werden. Die Demokratie muss vor allem auf Kommunalebene demokratisiert werden. Die Direktwahl der Bürgermeister war ein solcher Schritt. Später kamen das Kumulieren und Panaschieren hinzu. Sie beleben die kommunalpolitische Szene und brechen die Rolle des Parteiensystems auf. Auch die in vielen Gemeindeordnungen vorgeschriebenen „Allparteienregierungen" auf kommunaler Ebene sichern die Mitwirkung von Minderheitsfraktionen. Das aber darf noch nicht das Ende der Fahnenstange sein.

Rechtzeitige Öffentlichkeitsbeteiligung wird immer mehr als Bestandteil in formelle Verfahren eingeführt. Ergänzend werden in vielen Städten Leitlinien für Bürgerbeteiligung herausgegeben oder gar Stellen geschaffen. Ein Beispiel für diese Entwicklung ist die am 27. Februar 2014 in Kraft getretene Verwaltungsvorschrift zur Intensivierung der Öffentlichkeitsbeteiligung durch Landesbehörden in Baden-Württemberg (Beteiligungsportal Baden-Württemberg 2014).

Eine Gruppe bekannter Denker, wie Jürgen Habermas oder David Van Reybrouck, legten die Hand in die Wunde und entwickelten Theorien, Modelle und Methoden, um der Demokratie mehr Legitimität zu verschaffen. Hierfür hat sich der Oberbegriff „Deliberative Demokratie" durchgesetzt. Der Begriff kommt aus dem Lateinischen (deliberatio) und bedeutet soviel wie Überlegung, Beratung oder Abwägung.

Die Grundidee deliberativer Kommunalpolitik ist durch den Austausch von Meinungen und Argumenten zur Verständigung und zum Konsens zu kommen. Sie basiert auf öffentlicher Kommunikation. Für Habermas ist sie *„ eine Politik der argumentativen Abwägung, der gemeinsamen Beratschlagung und Verständigung über öffentliche Angelegenheiten. Sie zielt auf konsensuale Lösungen und beansprucht daher eine höherrangige Legitimität als alternative Willens- und Entscheidungsprozeduren, wie Wahl, Plebiszit, Wettbewerb oder Abstimmung. "*[3] Von dieser Definition ausgehend werden auch Begriffe wie Basisdemokratie, Direkte Demokratie, Liquid Democracy und Partizipative Demokratie der deliberativen Demokratie zugeordnet.

Deliberative Kommunalpolitik ist keine Plattform, um Einzelinteressen durchzusetzen, sondern ein Sieb der öffentlichen Diskussion, mit dem Meinungen der besseren Übersicht wegen gefiltert werden. Man kann erwarten, dass man auf dem Wege der Deliberation zu besseren und eher akzeptierten Entscheidungen kommt als bei top-down-Verordnungen der „Stadtverordner". Es ist das Modell einer modernen Zivilgesellschaft.

Ich halte deliberative Bürgermitwirkung an kommunalen Großprojekten für sinnvoll, wenn sie das Repräsentationssystem einer Stadtverordnetenversammlung stützen, ohne die grundsätzliche re-

---

[3] Jan Schmidt, 2006. Weblogs. Eine kommunikationssoziologische Studie. Konstanz: UVKS. 174

präsentative Rolle der Abgeordneten infrage zu stellen. Bürgermitwirkung ist an das Parlament anzubinden, das als zentrales kommunales Organ letztendlich entscheidet, „aber nichts ohne den weisen Rat seiner Brüder", wie es in den Ordensregeln der Benedektiner seit Jahrhunderten heißt. Die Weisheit der Vielen ist eine Quelle zur Verbesserung von Planung und Entscheidung.

Kommunalpolitische Entscheidungen müssen nicht zwingend auf den Polen „Mehrheit" und „Minderheit", also auf dem Konkurrenzmodell beruhen. Denkbar wären auch gütliche Einigungen, das, was man Konkordanzdemokratie nennt. Das sollte zumindest auf der kommunalen Ebene machbar sein. Darum sind Kommunalpolitiker gut beraten, bei ihren Entscheidungen die öffentliche Meinung zu berücksichtigen, um demokratische Legitimität zu erlangen. Zumindest sollten sie über Vetoorgane nachdenken, mit denen Bürger Entscheidungen widersprechen können. Der Widerspruch zwingt zum Überdenken von Entscheidungen und schärft die eigene Argumentation.

Im Falle der Therme wäre Bad Nauheim gut beraten, die repräsentative Kommunaldemokratie durch deliberative Elemente zu ergänzen. Unsere Ortslegislative ist schlichtweg überfordert, die Komplexität des Themas Sprudelhof/Therme voll zu erfassen. Das beweist ihr Abstimmungsverhalten. Am 2. September 2010 schrieb Bernd Klühs in einem Kommentar zum Thema Therme, den ich hier nochmals wiederhole: *„Die Weigerung der meisten Politiker, über die Expertise" eines Gutachterbüros zu diskutieren hat zwei Gründe: Ein Teil der Mandatsträger hat das umfangreiche Papier schlicht nicht durchgearbeitet, ein anderer Teil handelt nach dem Motto „Augen zu und durch."*

Leider handelt es sich hierbei um keinen Einzelfall. Als im Januar 2017 der Abriss der jetzt leer stehenden Therme auf der Tagesordnung stand, stimmten einige Magistratsmitglieder der FW/UWG gegen den Abriss, obwohl sie im Oktober 2016 noch für einen schnellen Abbruch waren. Der Fraktionsvorsitzende der Freien Wähler begründete dieses damit, dass seine Parteifreunde in der kommunalen „Ministerrunde" durch „falsche" Argumente verunsichert waren (WZ 28.1.2017). Sie schienen sich ihrer Meinung vom Oktober 2016 nicht mehr sicher und erwiesen sich als leicht beeinflussbar?

Man vergegenwärtige sich: In Bad Nauheim geht es um eine Investitionsentscheidung von etwa 18 bis 20 Millionen Euro, Geld des Steuerzahlers. Wenn die Stadtverordneten ihre Kontrollpflichten vernachlässigen, die Augen schließen und blind abstimmen, durch „falsche" Argumente leicht zu verunsichern sind, dann sollten sie doch wenigstens den Verstand der Bürger nutzen, um ein drohendes Desaster zu vermeiden.

Eine wie auch immer geartete extensive Bürgerbeteiligung am Thermenprojekt wäre für das Parlament eine Chance, Respekt zurückzugewinnen. Es dürfte doch unserer kommunalen Politprominenz nicht entgangen sein, dass sie kaum noch ernst genommen wird, schlimmer noch, dass man über sie lacht. Ihr Versagen ist öffentlich und kann nach zehn Jahren Thermendiskussion kaum noch geleugnet werden. Vielen Politikern scheinen die Antennen zu fehlen, um Stimmungen und Meinungen wahrzunehmen.

Vor lauter Wald keine Bäume mehr sehen

Zur Entlastung unserer „Stadtverordner" sei auf deren Arbeitsbelastung hingewiesen. Selbst wer zu den Zeitreichen gehört, verzweifelt angesichts der Papierberge, die zu bearbeiten sind.

Der Bürger nimmt die politischen Abgesandten in der Trinkkuranlage erst dann wahr, wenn sie verstärkt in der Öffentlichkeit auftreten, so bei Wahlen oder wenn in der Zeitung ein Bild von ihnen erscheint. Ein Großteil der Arbeit wird aber im Hintergrund erbracht, in Partei-, Fraktions- und Ausschusssitzungen. Diese müssen vor- und nachgearbeitet werden. Ich schätze den jährlichen Arbeitsaufwand eines Bad Nauheimer Parlamentariers auf mindestens 100 Sitzungen bei einem zeitlichen Aufwand von etwa zehn Stunden pro Woche. Für E-Mails und Telefonate kann man nochmals drei Stunden hinzurechnen.

192

Viele dieser Zeitfresser sind hausgemacht. Ich habe viele Ausschusssitzungen besucht und ein ineffizientes Sitzungsmanagement festgestellt. Überhaupt stellt sich die Frage, ob die vielen Sitzungen wirklich notwendig sind. Hier scheint mir ein genaueres Hinsehen notwendig. Vieles könnte in der Verwaltung schneller und sachkundiger entschieden werden, dort, wo der größte Sachverstand angesiedelt ist. Ohne die Verwaltung wären Kommunalpolitiker nicht arbeitsfähig, ja regelrecht hilflos.

Manche Verwaltungen könnte man mit einer Papierfabrik verwechseln. Abgeordnete werden mit Papieren oder Dateien auf dem Tablett überschüttet. Sie sind überinformiert. Nicht fehlende Informationen, sondern die Überinformation ist hier das Problem. Welcher „Stadtverordner" war zeitlich und fachlich in der Lage, das 114seitige Gutachten der WSP AG aus 2012 zu durchdringen? Informationsvermeidung wäre eine bedenkenswerte Aufgabe der Kommunalverwaltungen. Work smarter, not harder und nutze deliberativ den Sachverstand deiner Bürger lauten meine Empfehlungen, um mehr Zeit für das wirklich Wichtige zu gewinnen.

Kluge Parlamentarier, dummes Volk

Die Idee deliberativer Demokratie wird von Demokratiedogmatikern kritisiert. Es ist klar, dass man mit 80 Millionen Menschen keine basisdemokratischen Prozeduren beispielsweise zur Gebührenerhöhung bei Funk und Fernsehen oder zur Stromnetzleitung durchführen kann. Deliberative Kommunalpolitik darf nicht als Allzweckmethode zur Herbeiführung kommunalpolitischer Entscheidungen missverstanden werden. Dort, wo die Interessen der Bürger örtlich und elementar berührt werden, ist sie einzusetzen. Das ist bei der Bad Nauheimer Thermenerneuerung der Fall. Den „Reichsbedenkenträgern" sei gesagt, dass deliberative Prozesse auf der Grundlage klarer Regeln mit notwendigen do's and don'ts stattfinden.

Schon als die Demokratie geboren wurde, gab es eine Menge Kritiker, zumeist die intellektuellen Steigbügelhalter des Adels, die der Gesellschaft erklärten, dass das einfache Volk für diese Staatsform unreif sei. Demokratie sei ein Fremdkörper in der gottgewollten Weltordnung. Diesen Fehler sollten wir bei der Diskussion um deliberative Demokratie nicht wiederholen. Außerdem, Bürgerbeteiligung ist mehr als nur als eine Methode der Entscheidungsabsicherung. Sie ist ein ethisch-normativer Wert an sich. Demokratie ist nicht nur eine Staatsform, sondern eine allgemeine Lebensform.

Deliberative Kommunalpolitik ist Kommunikation, jedoch in strukturierter und regelbasierter Art und Weise. Dazu bedarf es solcher Methoden, die dem Laien die „Beteiligung auf Augenhöhe" ermöglichen. Es geht um eine Art der Kommunikation, welche die Selbstachtung der Teilnehmer gewährleistet. Das Thema, der Einzelne und die Gruppe sind im Gleichgewicht zu halten. Thematische Sach- und menschliche Beziehungsebene sind zu berücksichtigen. Dafür bietet sich ein umfangreiches Set an Methoden an, die den Projektfortschritt (Lokomotion) und den Gruppenzusammenhalt (Kohäsion) garantieren. Ein Teil hiervon habe ich in meinen Büchern „Managementtechniken" und „Zukunft: Methoden" beschrieben, so beispielsweise „Open Space" und die „Zukunftswerkstatt". Ich beschränke mich hier auf wenige, die sich für das Thermenprojekt geeignet hätten und immer noch eignen.

Gelostes Bürgerparlament plant Therme

Ein Interview der Zeitschrift DER SPIEGEL mit dem belgischen Historiker und Sozialwissenschaftler David Van Reybrouck lenkte das Interesse auf die Frage, wie demokratisch Abstimmungen sind. Der Mann ist kein Unbekannter. Sein Buch „Kongo" war ein Welterfolg. Sein neues Werk „Gegen Wahlen" ist seit 2016 auf dem deutschen Markt. Darin wirbt er für ein Demokratiemodell, das nicht mehr auf Wahlen beruht. Anküpfend an die hellenistische Praxis von vor 3000 Jahren sollen die Volksvertreter per Los ermittelt werden. Bei diesem Verfahren hätte ein Donald Trump keine Chance gehabt, gewählt zu werden. Aristoteles schrieb in seinem Werk „Politica": *„Ich bin beispielsweise der Meinung, dass* *es als demokratisch anzusehen ist, wenn die Herrschenden durch das Los bestimmt werden.*" Auch in den italienischen Seerepubliken waren Losverfahren im Einsatz, in Venedig bis 1797. Wenn diese Praxis schlecht gewesen wäre, würden wir das alte Griechenland wohl kaum als die Wiege der Demokratie bezeichnen. Van Reybrouck schreibt: *„Wir vergessen, dass wir erst seit 200 Jahren Wahlen haben. Die Demokratie ist aber schon 3.000 Jahre alt.*" Noch heute werden die Geschworenen bei US-Gerichten per Los bestimmt. Das funktioniert gut und die Urteile zeichnen sich durch große Gewissenhaftigkeit aus.

Die Grundidee dieses Ansatzes ist auch auf kommunale Großprojekte übertragbar. In New York durften Bürger über die Neugestaltung des Ground Zero mitentscheiden. Sogar in der chinesischen Stadt Wend-Ling waren ausgeloste Bürger an der Diskussion um Infrastrukturprojekte beteiligt. Beispiele aus der ganzen Welt zeigen, dass die deliberative Demokratie nicht nur eine Alternative zu Wahlen ist, sondern sich ebenso für zeitlich begrenzte Projekte und Entscheidungen anbietet, also auch für das Bad Nauheimer Thermenprojekt. Ich könnte zwei Seiten mit Beispielen zum Losverfahren füllen. Von allen Seiten wird Positives über diese Art der Bürgerbeteiligung berichtet.

Im Falle der Therme würde ich ein losbasiertes Anwendungsmodell empfehlen: Per Los wird ein repräsentativer Querschnitt von etwa 100 Bürgern eingeladen, die Thermenerneuerung zu planen. Weitere 50 können sich bewerben. Experten, vorwiegend Architekten und Ingenieure, werden abgelehnt, um die Etablierung wortgewandter Autoritäten zu vermeiden und Fachdiskussionen einiger weniger zu verhindern. Es ist aber notwendig, sie zu Expertenanhörungen einzuladen oder kleinere Aufträge im Rahmen eines Budgets zu erteilen. Außerdem sollte je ein Vertreter der im Parlament vertretenen Parteien an den Sitzungen teilnehmen. Mitarbeiter der Stadtverwaltung und Repräsentanten wichtiger Vereine oder Gruppierungen sind bei Bedarf einzuladen.

Das Bürgerparlament, nennen wir es einmal so, trifft sich über einen Zeitraum von drei Monaten mehrmals. Es wird mit einem Budget ausgestattet, aus dem die zu honorierenden Experten und die Moderatoren bezahlt werden. Die Arbeit selbst vollzieht sich im Wechselspiel von Kleingruppen und der Großgruppe.

Wenn man die Empfehlungen eines gelosten Bürgerparlaments mit einem anschließenden Bürgerentscheid kombinieren würde, wäre ein Maximum an demokratischem Konsens gesichert.

Es ist klar, dass antiliberale Bedenkenträger in allen Fraktionen spätestens jetzt ihre Killerphrasen einwerfen: *„Das geht doch nicht. Den Leuten fehlt das Wissen. Die Sache läuft aus dem Ruder.“* Diese Pseudoeinwendungen sind identisch mit jenen, die früher genannt wurden, um Frauen, Arbeitern und Bauern das Wahlrecht zu verweigern. Ich bin fest davon überzeugt, dass eine große Gruppe repräsentativ zusammengesetzter Bürger über mindestens ebensoviel Sachverstand verfügt wie Parlamentarier.

Mein Rat: Bürgerentscheid

Als in Hamburg eine Seilbahn von den Landungsbrücken über die Elbe hin zu den Musical-Theatern gebaut werden sollte, ließ man die Hanseaten darüber abstimmen. Eine deutliche Mehrheit votierte gegen das Projekt des österreichischen Seilbahnherstellers Doppelmayr. Der Entscheid wäre für den Senat nicht bindend gewesen, aber man respektierte den Mehrheitswillen der Hanseaten.

In Bad Oldesloe gab es 2006 einen Bürgerentscheid zum Thema Thermenneubau. 60 Prozent der an der Abstimmung teilnehmenden Bürger waren aus Kostengründen gegen einen Neubau.

Die Einwohner Münchens, des Berchtesgadener Landes und des Landkreises Traunstein entschieden in einem Bürgerentscheid, sich nicht um die Austragung der Olympischen Winterspiele 2022 zu bewerben. Auch die in Mengen aufgefahrene Sportprominenz konnte die CSU-getreuen Alpenländler nicht umstimmen. In Hamburg war es 2016 bei der Abstimmung „Olympia ja oder nein“

nicht anders. Ob das gut oder schlecht war, ist eine Frage der Sichtweise. Überall in der Welt sind Plebiszite im Vormarsch. Das Schweizer Demokratiemodell setzt sich durch.

Vorsicht aber vor plebiszitärer Blauäugigkeit. Für Bürgerentscheide engagieren sich überwiegend Angehörige der Mittel- und Oberschicht, die dank ihren wirtschaftlichen Möglichkeiten im besonderen Maße artikulations-, konflikt- und aktionsfähig sind. Sie stellen das Gros der Wähler. Unterschichten wissen oft nichts mit der Möglichkeit plebiszitärer Mitgestaltung anzufangen und fallen als Mitentscheider aus. So war die per Volksentscheid abgelehnte Schulreform in Hamburg 2010 ein Sieg jener Eltern, die ausländerfreie Schulklassen für ihre Kinder forderten. Hier wurde nicht nur gegen die berufliche Zukunft von Migrationskindern entschieden, sondern gegen die Lösung zukünftiger Probleme in einer Arbeitswelt, die Köpfe statt Muskeln braucht. Das Fernbleiben der Unterschicht erklärt auch die durchschnittliche Abstimmungsbeteiligung bei Bürgerentscheiden von nur 50 Prozent.

Zuviel Bürgerbeteiligung kann die repräsentative Demokratie an ihre Grenzen bringen. Themen wie Bauleitplanung und Steuergestaltung eignen sich von der Natur ihres Gegenstandes her nicht für plebiszitäre Mitwirkungsangebote. Außerdem, ein Bürgerentscheid ist immer die Ultima-ratio, ein Spiegel des Miteinanders in einer Gemeinde und Ausdruck der Konfliktfähigkeit.

Aus Bayern, dem Spitzenreiter von Bürgerbegehren und -entscheiden, ist Ex-Minister Beckstein (CSU) mit dieser Aussage zu hören: *„Bürgerbegehren und Bürgerentscheid haben dazu beigetragen, die Bürgergesellschaft zu stärken, eine neue politische Kultur in den Gemeinden aufzubauen und zahlreiche Chancen auch für die Politiker und Mandatsträger zu eröffnen. Das befürchtete Chaos ist nicht eingetreten."* Das sagte er nach zehn Jahren Erfahrung in einer Rede.

Fast die Hälfte aller Bürgerbegehren war erfolgreich. Für den Erfolg waren nicht unbedingt Bürgerentscheide nötig. Zirka 14 Prozent der Initiativen konnten den Gemeinderat oder das Stadtparlament davon überzeugen, die Bürgermeinung zu übernehmen.

Wägt man das Für und Wider einer Bürgerabstimmung zum Thema Therme/Sprudelhof ab, spricht nichts gegen eine auf Abstimmung beruhende Bürgerbeteiligung. Man hätte diese mit einer anstehenden Wahl verbinden können.

Ich verzichte hier darauf, für alle Wenn und Abers Lösungen anzubieten. Mir geht es nur um den Gedanken der Bürgerabstimmung als solchen. Selbst jetzt böte sich noch die Möglichkeit, Bad Nauheims Bevölkerung aktiv einzubeziehen, spätestens dann, wenn die Kosten für die neue Therme auf dem Tisch liegen. Über die dann im Raum stehende Summe, 20, 25 oder 30 Millionen Euro, sollten diejenigen abstimmen, die als Steuerbürger alles bezahlen. Natürlich wäre das Votum nicht bindend, aber das Parlament hätte einen Anhaltspunkt für den Volkswillen und könnte sichtbar machen, den Bruch von der standarddemokratischen zur premiumdemokratischen Kommunalpolitik vollzogen zu haben.

Wenn man die Bad Nauheimer Bevölkerung über ein Ja oder Nein zum Thermenneubau abstimmen ließe, gäbe es ein eindeutiges Nein, so meine Überzeugung. Das aber können sich unsere 45 „Händchenheber" nicht erlauben, denn das Ergebnis würde zeigen, dass der Begriff „Thermalbad-Desaster" nicht nur die Meinung des angeblichen „Spinners" Prof. Dr. Simon ausdrückt, sondern die einer breiten Bevölkerungsmehrheit.

E. Die Jahre 2017ff.: Blick in die Glaskugel

- Die Probleme kommen erst noch
- Vom Badehaus 2 zum Badehaus 3
- Die Therme als Dogma
- Schulden oder Therme?
- Bad Vilbel und die Folgen
- Avanti Dilettanti oder zurück zur Vernunft?

Die Chronologie dieses Buch endet im Februar 2017. Es trägt den Untertitel „Die unendliche Geschichte eines Thermalbades". Damit kann auch dieses Buch nicht vollendet sein. Nach zehn Jahren liegt nicht mehr als ein Neubaubeschluss vor, ohne weitere Angaben zur Größe, zum Baustil, zur Technik und Finanzierung, um nur einige Aspekte zu nennen. Aus diesem Grunde verzichte ich auf ein zusammenfassendes und schlussfolgerndes Kapitel. Anfang 2018 erscheint dann die zweite Ausgabe dieses Buches, 2019 die dritte usw. Das ist für den Leser die Chance, sich in dieses Buch mit Kommentaren, Vorschlägen und Kritik einzubringen. Vielleicht werde ich die Arbeit irgendwann einstellen, wenn das Projekt Therme, aus welchen Gründen auch immer, abgebrochen oder auf einem riesigen Schuldenberg errichtet wurde. Zunächst aber bietet das Projekt weiterhin viel Stoff für die Presse und für mich als Chronisten.

Die Probleme kommen erst noch

Das erste Kapitel des Fortsetzungsbandes wird die Überschrift „Der Abriss" lauten. Ob es dazu kommt, bleibt abzuwarten. Und wenn er kommt, fällt der Blick für lange Zeit auf eine unansehnliche Baugrube oder den davorstehenden Bauzaun. Im Halbrund der Ludwigstraße, vor der Kulisse moderner Kliniken, wird sich eine hässliche Bauwunde auftun. Das ist bei vielen Neubauten umgänglich, aber wehe, wenn sich das „Bad Nauheim Desaster" fortsetzt oder gar kein Ende findet. Wie lange dieses „Bellevue" dauert, hängt von diversen Unwägbarkeiten ab, von der Finanzierung, der Kommunalaufsicht, dem Denkmal- und Quellenschutz, dem Ergebnis der europaweiten Ausschreibung, der Baubehörde und weiterer Genehmigungsbehörden, den Gesellschaftern der Sprudelhofstiftung, den „Stadtverordnern" und der Bad Nauheimer Öffentlichkeit, um nur die wichtigsten zu nennen. Sie alle werden ihre Wünsche und Forderungen anmelden.

Die wirklichen Probleme beginnen jetzt. Viele Aspekte sind unklar, bewirken Überraschungen und zwingen zu Planänderungen.

Man erinnere sich an das Thema Wellnesshotel, das aufgrund neuer Erkenntnisse gestrichen wurde. Ein Problem wird das nächste jagen. Jedes gelöste Problembewirkt neue, die auf das Ausgangsproblem zurückwirken. Viele Faktoren wirken aufeinander und gegeneinander. Im Nebeneinander von Sprudelhof und Therme, von Stiftung und Stadt, liegt Konfliktpotential, das wie Sand im Getriebe wirken wird. In Sachen Badehaus 2 wird ein schwieriger Balanceakt zwischen den Interessen des Landes, des Wetteraukreises, der Stadt Bad Nauheim, der Sprudelhofstiftung, dem Theaterverein, dem Denkmalschutz und weiteren Interessenträgern notwendig. Die Hü- und Hot-Politik der vergangenen zehn Jahre wird sich vielfach multiplizieren. Fast automatisch bildet sich ein Gordischer Knoten, den es zu entwirren gilt.

Wie man hört, hat der Bad Nauheimer Thermeningenieur und Sprecher die Bürgerinitiative Therme, Johannes Scherer, im Januar 2017 eine Dienstaufsichtsbeschwerde gegen die Stadtverordnetenversammlung eingereicht. Er beruft sich bei seiner Beschwerde auf den § 12 der Gemeindehaushaltsverordnung. Darin heißt es: *„Bevor Investitionen von erheblicher finanzieller Bedeutung beschlossen werden, soll unter mehreren in Betracht kommenden Möglichkeiten durch einen Wirtschaftsvergleich...die für eine Gemeinde wirtschaftlichste Lösung ermittelt werden.“* Scherer meint, diese Rechtsvorschrift sei beim Abrissbeschluss im Oktober 2016 verletzt worden und sieht gute Chancen für den Erfolg seiner Beschwerde. Er hofft hierbei auf die Ankündigung der hessischen Landesregierung, schärfer auf die Einhaltung dieser Rechtsvorschrift zu achten. 2015 hatte die Bürgerinitiative Therme auf den geplanten Bürgerbescheid verzichtet, um den Thermenneubau nicht weiter zu verzögern. Eine Dienstaufsichtsbeschwerde wirkt natürlich auch verzögernd, wenn sie in die Amtsmühlen Einlass gefunden hat.

Die „Flucht“ des Bürgermeisters aus dem Amt im September 2017 ist ein Hinweis auf die Probleme der Zukunft. Häuser will nicht als Beelzebub dastehen. Dass niemand aus der CDU-Fraktion bereit war, für das Amt des Stadtoberhaupts zu kandidieren, ist ein Beweis für die anstehenden Probleme. Unabhängig hiervon verfügt keiner der Fraktionsrecken über das Wissen und Können, eine Verwaltung von etwa 300 Mitarbeitern zu führen und Zweckbetriebe, wie Krankenhaus und Stadtwerke, zu beaufsichtigen. Häuser übergibt einen heißen Staffelstab, an dem sich sein Nachfolger die Hände verbrennen könnte.

Von Badehaus 2 zu Badehaus 3

Der eventuelle Umbau des ehemaligen Balneologischen Instituts zum Theater würde Finanzmittel in Millionenhöhe erfordern. Es ist fast unmöglich, dem Theaterverein eine angemessene Spielstätte zu verweigern. Bad Nauheim leistet sich nicht nur zwei Hallenbäder, sondern ebenso zwei Theater, von denen eines privat betrieben wird. Das Geld, das in den Umbau des Balneologischen Instituts gesteckt wird, fehlt an anderer Stelle. Hier drohen Konflikte mit anderen örtlichen Interessensträgern.

Vielleicht erledigt sich das Problem Badehaus 2 durch die zukünftige Orientierung auf das Badehaus 3. Die Option Badehaus 2 ergab sich aus der Nähe zur Therme in Verbindung mit der Absicht zu sanieren. Wenn nun aber der Neubau nicht passgenau auf der Fläche der Alttherme errichtet, sondern nach vorne hin zum Badehaus 3 versetzt werde, würden sich neue räumliche Gestaltungsmöglichkeiten für Wellnessangebote ergeben. Mich wundert, warum dieses bisher nicht bedacht wurde.

Die Grundlagen aus 2009, dem Jahr der Gründung der Sprudelhofstiftung, sind nicht mehr gegeben. Gibt es die sogenannte Koordinierungsgruppe Sprudelhof (Theater, Jugendstilfreunde, Museumsverein und Agenda 21) noch? Der Museumsverein steht zwar noch im Vereinsregister, ist aber faktisch nicht mehr existent. Von den Jugendstilfreunden war zu hören, dass sie es ehrenamtlich nicht schaffen, ein eventuelles Jugendstilzentrum im Sprudelhof zu betreiben. Es wird sich wohl kaum jemand finden, der die finanzielle Trägerschaft übernimmt. Die von der Sprudelhofstiftung gesetzten Bedingungen können nicht erfüllt werden. Von der Agenda 21 hört man auch nichts mehr. Vieles muss grundlegend neu gedacht werden. Nur der Theaterverein ist noch präsent, musste aber die Entwertung seiner konzeptionellen Denkarbeiten erleben.

Die Therme als Dogma

Im Vorwort dieses Buches habe ich schon einmal ketzerisch nachgefragt, was wäre, wenn Bad Nauheim keine neue Therme bekäme? Droht der Niedergang der Stadt? Ein Investitionsvorhaben beginnt mit der Frage: Was sind die Folgen, wenn wir nichts tun? Nichts zu tun gilt in der Entscheidungstheorie als Handlungsalternative.

Der Neubau ist vor allem für die Politik zum Dogma und damit zur gedanklichen Fessel geworden. „Wir brauchen eine neue Therme" lautet das Credo der Ortspolitik. Wenn alle Parteien dafür sind, muss es ja wohl vernünftig sein, die Therme zu bauen. Aber Mehrheit ist keine Vernunftgarantie. Da niemand den Neubau in Frage stellte, gab es keinen Grund die eigene Pro-Argumentation zu überprüfen oder zu schärfen. Alternative Ideen konnten sich kaum entwickeln, abgesehen von den kurzzeitigen Standortideen Stoll-Gelände und Talaue.

Wenn es die Therme nicht mehr gibt, steht weiterhin das Usa-Wellenbad am südlichen Stadtrand zur Verfügung. Es könnte sich über eine erhöhte Besucherzahl und damit über einen Verlustabbau freuen. Den Saunabesuchern der Alttherme steht dort eine komfortable Alternativsauna zur Verfügung.

Es bleibt das Argument vom fehlenden Thermalangebot und Kaufkraftverlust infolge fehlender Therme, das Bürgermeister Häuser 2015 in den Umlauf brachte. Im Kapitel 2015 „Die Milchmädchenrechnung des Bürgermeisters habe ich dieses Argument rechnerisch widerlegt. Außerdem: 2016 hat sich kein Dienstleister,

Hotelier oder Einzelhandelskaufmann über Umsatzrückgänge infolge der Thermenschließung am 31.12.2015 beklagt. Es gab keinen Besucherrückgang in den Hotels. Die amtliche Statistik wird im Laufe des Jahres 2017 belegen, dass die Horrormeldung von den Umsatzrückgängen jedweder Grundlage entbehrt.

Die Therme ist das, was man einen „weichen Standortfaktor" nennt. Standortfaktoren sind Standortargumente für Firmenansiedlungen und Zuzüge, für den Tourismus und die Berichterstattung in den Medien. Aber wieviel Standortkomfort können sich Städte in Zeiten leerer Kassen noch leisten? Therme und Eisstadion sind Teile der kurstädtischen Luxusausstattung, die gegebenenfalls mit einem repräsentativen Theaterbau angereichert wird. Es war schon immer etwas teurer, einen besonderen Geschmack zu haben. Der Preis wird über die Grundsteuer abgerechnet.

Schulden oder Therme?

Da nur 25 Prozent der Thermenbesucher Kurstädter sind, wird die Therme nur von einer Minderheit vermisst. Da es sich bei diesen 25 Prozent zum größten Teil um Oft- und Dauerbesucher handelt, ist es eine überschaubare Bevölkerungsgruppe, die von der Schließung betroffen ist. Es ist aber die große Mehrheit, die für die Baukosten und das Betriebskostendefizit aufkommen muss. Es sind die Kurstädter, die jeden auswärtigen Thermenbesucher, je nach Betriebskostendefizit, mit einigen Euros alimentieren.

Ich bin sicher, dass das Gros der Kurstädter das Thermenprojekt vor dem Hintergrund der damit verbundenen Kosten ableht. Würde man die Bürger in einer Abstimmung fragen „Soll die Stadt 25 Millionen für eine neue Therme ausgeben?" gäbe es mehr als 60 Prozent Nein-Antworten. Auf den Versuch einer Bürgerabstimmung käme es an, aber dazu fehlt der Kommunalpolitik der Mut. In den Orten, in denen die Bevölkerung über eine neue und teure Therme per Bürgerentscheid abstimmen konnte, entschied sich eine deutliche Mehrheit gegen den Neubau, so in Bad Oldesloe und Unterschleißheim.

Todesstoß aus Bad Vilbel

Bad Nauheim baut seine „Kleinfein-Therme" in Nachbarschaft zur Bad Vilbeler Megatherme. Es ist so, als würde es ein VW-Polo mit einem BMW aufnehmen. Ich fürchte, dass Bad Nauheim chancenlos ist. Es wird einen Wettkampf zwischen dem kohlensäurehaltigen Nauheimwasser und dem Vilbeler Löwenquellwasser nebst einem abwechslungsreichen Erlebnisangebot geben. Die Kurstadt müsste viel bieten, um die nach Bad Vilbel abgewanderten Badefreunde zurückzugewinnen, vor allem nachdem Bad Nauheim für einige, wenn nicht gar für viele Jahre, keine Therme hatte. Ich wage die Prognose, dass die Bad Nauheimer Therme nach ihrer Wiedereröffnung im Thermenbereich, also ohne Sauna, nicht über 105.000 Besucher hinauskommt (2015: 136.500). Daraus folgen immer höhere Betriebskostenzuschüsse der Stadt, beziehungsweise der Steuerzahler. Uns droht ein ähnliches Schicksal wie der Alpamare-Therme in Bad Tölz, die Opfer der 60 Kilometer entfernten Galaxy-Therme in Erding wurde und 2015 dicht machte. Die Erdinger Therme betreibt Deutschlands Bäderkönig Josef Wund, der auch in Bad Vilbel Regie führt.

Die Bad Vilbeler Superlativ-Therme könnte für Bad Nauheim zu einem Standortfaktor werden. In den Prospekten der Stadtmarketing GmbH und der Hotels wird auf die Attraktionen des Umlandes hingewiesen, beispielsweise die Münzenburg und Sommerrodelbahn auf dem Hoherodskopf oder die Saalburg. Warum sollte nicht auch mit der neuen Attraktion 25 Kilometer südlich geworben werden? Die neue Umgehungsstraße an Nieder- und Oberwöllstadt vorbei bis kurz vor Okarben verkürzt die Fahrzeit auf 20 Minuten. Vielleicht gibt es ab 2018 pfiffige Transportunternehmen, die einen Shuttleservice von Bad Nauheim über Friedberg nach Bad Vilbel anbieten, so wie jetzt nach Bad Salzhausen. Leider baut Bäderkönig Wund ein eigenes Thermenhotel, so dass die kurstädtische Hotellerie leer ausgeht.

Avanti Dilettanti oder zurück zur Vernunft?

Wenn man sich den Polit-Dilettantismus der vergangenen Jahre vergegenwärtigt, den beständigen Meinungswechsel zwischen Neubau und Sanierung, zwischen Badehausanbindung oder nicht, wenn Magistratsmitglieder im Parlament anders abstimmen als im Magistrat (2016), wenn schwierige Abstimmungsfälle nach dem Motto „Augen zu und durch" (2010) entschieden werden, wenn sich FW/UWG-Magistratsmitglieder durch „falsche" Argumente verunsichern lassen (2017), wenn man bedenkt, wie schnell die FW/UWG 2016 ihr Wahlversprechen zur Badehausanbindung brach und damit ihre fehlende Integrität offenbarte, dann wird es mir bei dem Gedanken schwindelig, dass diese Damen und Herren die folgenschwerste Zukunftsentscheidung der Kurstadt treffen werden.

Uns erwarten heiße Parlamentsdebatten, ins Persönliche gehende Streitereien, Sachkonflikte und -probleme, Kostensteigerungen, vielleicht sogar Steuer- und Gebührenerhöhungen und jede Menge verärgerte Bürger. Uns erwartet aber auch ein neues Kapitel der Weltgeschichte, das im Großen wie im Kleinen wirkt. Es wird keine Gewissheiten mehr geben. Donald Trump, Brexit, Rechtspopulismus, Islamismus, Industrie 4.0, mithin die neue Weltordnung, werden nicht spurlos an Bad Nauheim vorbeiziehen. Wenn Donald Trump an der Zinsschraube dreht, hat das Folgen für den örtlichen Haushalt und die Finanzierung des Thermalbades. Auch die deutsche Wirtschaft wird wackeln. Es stellt sich mithin die Frage, ob und inwieweit ein neues Thermalbad in die Landschaft der 2020er-Jahre passt oder ob sich Bad Nauheim noch mehr Probleme aufhalst, als es ohnehin schon hat.

Bevor weitergehende Entscheidungen getroffen werden, empfehle ich unseren „Stadtverordnern" einmal über diese Weisheit der Dakota-Indianer nachzudenken:

„Wenn Du entdeckst, dass Du ein totes Pferd reitest, steig ab!"

In Bad Nauheim kämen andere Lösungen in Frage, beispielsweise diese:

- Man beruft den Haupt- und Finanzausschuss ein, um das Problem zu besprechen.
- Die Stadtverordnetenversammlung erklären das Pferd für nur scheintot.
- Man versucht im Rheumabecken eine Wiederbelebung.
- Der Arbeitsmediziner Dr. Düvel untersucht, ob das Pferd überarbeitet war.
- Der Bürgermeister versucht zusammen mit der Bürgerinitiative Therme eine Sanierung des toten Pferdes.
- Man vergibt ein Gutachten an die Hamburger Wenzel Consulting, was jetzt zu tun sei.
- Es wird eine Wirtschaftlichkeitsanalyse zur billigsten Art der Entsorgung des Kadavers in Auftrag gegeben.
- Man engagiert noch einen Gutachter, der den Gutachter begutachtet.
- Einige schlagen vor, den Ex-Marketingleiter zu konsultieren.
- Andere empfehlen, den Alleskönner Jörg Krämer nach Bad Nauheim zurückzurufen.
- Bernd Witzel reist nach Spa, der Förderverein nach Bad Dürrheim und die CDU nach Bad Endbach, um zu studieren, wie man dort ein solches Problem löst.
- Es wird die schnellstmögliche Erzeugung eines neuen Pferdes eingeleitet.
- Man bestellt bei einem Frankfurter Architektenbüro eine Matrix, mit der alle Vorschläge mathematisch genau verglichen werden, um dann die „richtige" Entscheidung treffen zu können

…oder man steigt ab und beerdigt das Pferd.

Über den Autor

Prof. Dr. Walter Simon ist gebürtiger Hamburger und gelernter Drogist. Nach der Lehre fuhr er zunächst zur See. Anschließend studierte er an der Universität für Wirtschaft und Politik in Hamburg, später an der Johann-Wolfgang-von-Goethe-Universität in Frankfurt am Main sowie an der Sophia-Universität in Tokio Wirtschafts- und Sozialwissenschaften mit den Abschlüssen Dipl.-Volkswirt und Dipl.-Soziologe. 1978 promovierte er zum Dr. rer. pol. Im gleichen Jahr trat er als Trainee in der AEG-Telefunken AG in das Berufsleben ein.

1982 gründete er das Innovationsteam für Produktion und Wirtschaft GmbH (IPW-Training und Consulting GmbH) mit Sitz in Bad Nauheim, aus dem später das Corporate University Center hervorging. Er zählt zu den bekannteren deutschen Wirtschaftstrainern, Strategieberatern und Business-Rednern. Aus seiner „Feder" stammen 22 Bücher und etwa 200 Artikel. 2006 gewann er den Internationalen Wirtschafts-Trainingspreis in Silber.

Von 1990 bis 1993 lehrte er als Gastprofessor an der States University Wisconsin (Madinson), von 1995 bis 2002 hatte er den Lehrstuhl für Unternehmensführung an der „Wiesbaden Business School" (University) inne. Seit 2010 ist er Fakultätsmitglied der Steinbeis-University Berlin.

www.profsimon.de
prof.simon@online.de

Bücher des Autors

- Zur Herrschaft der Verbände, Köln 1976
- Der Polyp, Berlin und Moskau 1978
- Qualitätszirkel, Köln 1993
- Die neue Qualität der Qualität, Offenbach 1995
- Rede nicht, handle! Offenbach 1996
- Lust aufs Neue – „Werkzeuge für das Innovationsmanagement, Offenbach 1999
- Managementkonzepte von A bis Z, Offenbach 2002
- Bewerberauswahl leicht gemacht: Wer passt nach der DIN 33430? München 2003
- Ziele managen, Offenbach 2002
- 30 Minute für die Ziele, Offenbach 2012 (mit CD)
- Gabals Methodenkoffer KOMMUNIKATION, Offenbach 2004
- Gabals Methodenkoffer ARBEITSMETHODEN, Offenbach 2004
- Gabals Methodenkoffer MANAGEMENT, Offenbach 2005
- Gabals Methodenkoffer FÜHRUNG, Offenbach 2006
- Gabals Methodenkoffer PERSÖNLICHKEIT, Offenbach 2007
- Gabals Methodenkoffer ZUKUNFT, Offenbach 2011
- Persönlichkeitsmodelle und Persönlichkeitstests, Offenbach 2006
- Kursbuch Strategieentwicklung - Analyse, Planung, Umsetzung, managerMagazin-Edition/Redline 2008
- Abschied von der Normalarbeit. Berufswelt und Arbeitsplatz im Umbruch, Auerbach 2012
- Musterhandbuch nach DIN ISO 9001:2008 für das Qualitätsmanagement von Apotheken, Auerbach 2013
- Volksverdummung statt Persönlichkeitsentwicklung. Training und Coaching unter der Lupe, CreateSpace/Amazon 2016
- Arbeitswelt 4.0. Einblicke und Ausblicke. CreateSpace/Amazon 2017

Buchbare Vorträge

- Zukunftstrends in Arbeit, Wirtschaft und Gesellschaft
- Der Schlüssel zu den Schlüsselqualifikationen
- Strategisch die Zukunft managen
- So werden wir morgen arbeiten
- Das Märchen von den Management-Erfolgsrezepten
- Gekonnt querdenken
- Persönlichkeitstests auf dem Prüfstand
- Managerethik, Unternehmensethik, Wirtschaftsethik
- Die Zukunft der Führung
- Quo vadis Management?
- Das Geschäftsmodell „Ich"
- Industrie 4.0

Services

Training

Referate

Coaching

Consulting

Kongressreden

Projektmanagement

Personenzertifizierungen nach DIN ISO 17024

Organisationszertifizierungen DIN ISO 9001:2015

FSC
www.fsc.org
MIX
Papier aus ver-
antwortungsvollen
Quellen
Paper from
responsible sources
FSC® C105338